「あなたから買いたい」と言われる

超★営業思考

Kanazawa Akitoshi
金沢景敏

ダイヤモンド社

超★営業思考

はじめに

「いつも遊んでいるように見える」のに、なぜ、圧倒的な営業成績を出し続けたのか？

「金沢さんは、いつも遊んでいるように見える」

知人から、こんな言葉を投げかけられるようになったのは、ここ2～3年のことです。僕自身は、懸命に仕事をしているつもりなので、そのように言われるのは驚きでしたし、心外ですらありました。

だけど、僕が「そんなことないよ」と言っても、誰も納得してくれません。「遊んでいるように見える」のに、なぜ、僕がプルデンシャル生命保険の営業マンとして、誰もが認める圧倒的な成績を出し続けることができたのか？　それが不思議だというのです。

たしかに、僕は、ここ2～3年ほどは、「保険を売る」ために汗をかくことはほとんどなくなっていました。

スーツを着て営業に回ることも減りましたし、日々、たくさんの方々とお目にかかりますが、みなさんに〝保険の話〟をすることも激減しました（だから、はた目には「遊んでいる」ように見えたのかもしれません）。それでも、とてもありがたいことに、僕のもとには「保険に入りたい」という連絡が継続的に入ってくるようになっていました。

しかも、連絡をくださるお客様は、すでに「僕から保険に入る」ことをほぼ決めていらっしゃいますから、あとは、ご事情をじっくりと伺ったうえで、お客様にぴったりなプランをご提案すれば成約。**「商談＝成約」というケースがほぼ100％という、非常に恵まれた状況が生まれていた**のです。

「そんな、〝棚からぼた餅〟のような話があるのか?」

そう思われる方もいるかもしれませんが、当然のことながら、〝自然〟にそのような状況が生まれたわけではありません。

2012年、33歳のときにTBSを退職して、プルデンシャル生命保険の営業マンになって以来、僕なりに試行錯誤を繰り返しながら、コツコツとこの「恵まれた状況」を築き上げてきたのです。

営業マンとして受けた苦痛を伴う「洗礼」

もちろん、はじめは苦労を強いられました。

営業マンになった当初は、ご多分に漏れず、僕も強烈な「洗礼」を受けました。

〝保険屋〟に対する「否定」という洗礼です。

僕が、ＴＢＳを退社したのは、テレビ局の〝看板〟のおかげでチヤホヤされているだけなのに、あたかも自分が偉くなったように錯覚しているのが、ものすごくカッコ悪く思えたからです。フルコミッションのプルデンシャル生命保険で、自分の実力を実証してみせよう。**会社の〝看板〟に頼るのではなく、〝自分の力〟で生きていける人間になろうと心に決めた**のです。

だけど、現実は甘くはありませんでした。

ＴＢＳの〝看板〟を失った僕は、自分の無力さを思い知らされるばかりでした。テレビ局にいた頃は、名刺を出せば誰もがチヤホヤしてくれましたが、プルデンシャル生命保険の名刺を出しても、好意的な反応はまず返ってきません。なかには、「なんだ、プルか……」などと露骨に否定的な眼差しを向けるような人もいました。

ある程度は覚悟していたつもりでしたが、実際に自分を否定されると心穏やかではいられませんでした。特に、それまで僕と親しくしてくれていた知人から、冷たくあしらわれたり、会うことすら拒絶されたりしたのは、心が砕かれるような苦痛を伴う体験でした。

「売ろう」とするから「売れない」

それでも、前に進むしかありません。

フルコミッションですから、契約をお預かりできなければ報酬はゼロ。家族を養うためにも、歯を食いしばって頑張るしかありません。どんなに否定されても、どんなにプライドを傷つけられても、がむしゃらにアポイントを入れて、営業に駆けずり回るほかないのです。

しかし、入社して半年が過ぎた頃、はやくも僕は追い詰められました。

保険営業は、親類や知人にアプローチすることから始めるのが通例で、僕もそこからスタートしたのですが、〝義理〟で保険に入ってくれる人がいる一方で、「保険を売ろう」とする僕に反発する人も多く、知人との人間関係が深く傷つくようなケースが増えていったのです。

しかも、知人のよしみで保険に入ってくれた人も、僕にその知人を紹介してくれる人はあまりいませんでした。その結果、半年が過ぎた頃に、いよいよ新規営業をするために連絡をする相手が尽きてきたのです。

「このままいったら、終わる……」

営業に駆けずり回っている時間は気が紛れましたが、一日の仕事が終わって眠ろうとすると、そんなヒリヒリするような不安で、胃がキリキリして眠れない夜も多々ありました。人間関係が傷つき、孤立感が深まる〝どん底〟の状況のなか、僕はただただ焦るばかりでした。

この頃は、かなり辛い思いをしました。

正直なところ、営業マンに転職したことを後悔もしました。

でも、このとき「追い詰められた」のがよかったのだと、今は思います。**「このままいったら、終わる」ことは明らかだったので、ほとんど強制的に「考え方」を変えざるをえなかった**からです。

「もう、保険を売ろうとするのをやめよう」

僕は、そう考えました。もちろん、営業マンにとって「目先の売上」は喉から手が出るほどほしいものです。だけど、「売りたい」のは営業マンの都合であって、お客様には関係のないことです。

にもかかわらず、「売ろう、売ろう」とすれば、お客様から敬遠され、不信感をもたれるだけ。「売ろう」とするから「売れない」のです。それよりも、目の前のお客様に「僕という人間」を信頼していただくことのほうが、ずっと大事。「目先の売上」より「信頼という資産」を積み上げることこそが、営業マンにとって値打ちのあることだと考えを切り替えたのです。

なぜなら、「保険に入るなら、金沢から入ろう」と思っていただけるような信頼関係を築くことさえできれば、その方が「保険に入ろう」と思われたときには、真っ先に僕に連絡をしてくださるはずだからです。あるいは、その方の親族や知人に保険が必要な方がいたら、僕を紹介しようと考えてくださるに違いありません。

保険に入ってくださるのは、1年後かもしれないし、5年後かもしれないし、10年後かもしれません。もしかしたら、ずっと入ってくださらないかもしれません。だけど、それでいいのです。

とにかく、「僕という人間」を信頼してくださる方々を、コツコツと増やしていくことが大切。その「母数」が増えれば、僕に連絡をくださる方は確実に増え、契約をお預かりできる件数も確実に増えるはず。**「信頼という資産」を積み上げることができれば、「結果（売上）」は自然とついてくる**と腹をくくったのです。

お客様に信頼されるために、「営業思考」を磨き上げる

そして、僕は試行錯誤を繰り返しました。

どうすれば、アプローチするお客様を増やすことができるのか？

お客様に会っていただくためには、どういうアプローチをすればいいのか？

心を開いていただくためには、どんなコミュニケーションをとればいいのか？

お客様に信頼していただくためには、どうすればいいのか？

ご紹介をいただくためには、どのようにアプローチすればいいのか？

このように、「信頼という資産」を積み上げるために何をすればいいのか、ありとあらゆる観点から考え、自分の一挙手一投足を意識的に変えていきました。はじめからうまくいくことなどほとんどありません。仮説を立てて、実行して、お客様の反応をみて、修正をする。このPDCAを繰り返しながら、僕なりの「営業思考」を磨き上げていったのです。

そして、これが劇的な変化をもたらしてくれました。

なんと、プルデンシャル入社1年目に、個人保険部門において全国の営業社員約3200人中の第1位を獲得することができたのです。入社半年後に「壁」にぶつかっていたのが嘘のようでした。年度終盤に、お客様からの紹介案件が急増。奇跡的な追い上げが現実のものになったのです。

さらに、入社3年目には、卓越した生命保険・金融プロフェッショナル組織MDR

T（Million Dollar Round Table）の6倍基準である「Ｔｏｐ ｏｆ ｔｈｅ Ｔａｂｌｅ（ＴＯＴ）」に到達。これは、日本の生命保険募集人登録者、約１２０万人の中で毎年60人前後しか認定されない「狭き門」ですから、たいへん光栄なことでした。

それ以降も、さらに「営業思考」をブラッシュアップすることで、冒頭に書いたとおり、「保険を売る」ために汗をかかなくても、高い業績を継続することができるようになり、最終的には、ＴＯＴ基準の４倍の成績をあげることができるようになっていました。

「思考」が変われば、「世界」は変わる

僕は、特殊なことをしてきたわけではありません。

やっていることは、誰にでもできることばかり。当たり前のことばかりと言ってもいいかもしれません。

重要なのは、具体的な行動の背後にある「思考法」です。僕は、「壁」にぶつかって、精神的に〝どん底〟に陥ったときに、「目先の売上」のためではなく、「信頼とい

う資産」を積み上げるために仕事をするという「思考」に切り替えました。そして、この「思考法」を実践を通して徹底的に磨き上げた結果、「売らなくても売れる」『あなたから買いたい』と言われる」という環境を作り上げることができたのです。

本書では、その「思考法」をあますところなくお伝えします。

タイトルの『超★営業思考』には、「営業＝売る」という「営業思考」を超越することでこそ、圧倒的な営業成績を生み出すことができるという意味を込めています。

もしも、この本を手に取ってくださったあなたが、かつての僕のように「壁」にぶつかっているならば、今こそチャンスだと強くお伝えしたいと思っています。僕がそうであったように、**「壁」にぶつかっているときこそ、「思考法」を切り替える絶好のチャンス**だからです。

あのとき、僕はこう実感しました。

「思考」が変わるということは、「僕という人間」の運転手が変わるようなものだ、と。

例えば、同じ車を僕とプロレーサーが運転した場合、同じ車でも運転手が違うだけで走りは全く違うものになります。「僕という人間」のスペックに変化はありませんが、運転手が変われば〝走り〟が変わるのです。車窓から見える〝風景〟も一変します。「思考」が変われば、「世界」が変わるのです。

それは、「変化」ではなく「変質」です。

「思考」が変わると、徐々にではなく一瞬で人間が変わるのです。本書を読んでくださった皆さまにも、きっと同じような「変質」が訪れると確信しています。

金沢景敏

超★営業思考　**目次**

第2章 見えない「資産」を積み上げる

第3章 お客様と「Weの関係」になる

［装　丁］奥定泰之
［編集協力］高森勇旗
［ＤＴＰ］ＮＯＡＨ
［校　正］小倉優子
［編　集］田中　泰

第1章

営業は「確率論」である

1 偽物の「プライド」は捨てる

「避けること」ができないことは、「克服」するしかない

プライドが傷つけられる――。

これは、営業マンなら誰もが直面する「洗礼」のようなものです。

身も蓋もないことを書くようですが、営業マンの立場は、商品を買っていただくお客様より弱いのが普通ですから、プライドが傷つくことを避けることはできません。

なかには、営業マンをあからさまに「見下す」ようなお客様もいるのが現実ですが、それも「仕方がない」としか言いようがありません。

プライドが傷つけられるのは誰にとっても辛いことですが、それが避けられないことなならば、僕たちにできることはただひとつ。「克服」することだけです。この「洗礼」を乗り越えなければ、営業マンとしてのスタートラインには立てないのです。

僕も、営業マンになって、強烈な「洗礼」を受けました。

それは、ある程度予想していたことではありました。そもそも、僕がＴＢＳを辞めたのは職場に不満があるからではなく、**ＴＢＳの〝看板〟のおかげでチヤホヤされているだけなのに、まるで自分自身が偉くなったように勘違いしている自分が、ものすごくカッコ悪く思えた**からです。

だから、僕は、フルコミッションのプルデンシャル生命保険で、「自分の実力」を実証してみせようと思いました。

会社の光に照らされるのではなく、小さくても自分で光を発することができる人間になろう。〝看板〟を失って軽んじられることもあるだろうけど、そこから這い上がって一流の営業マンになってやろう。そう覚悟を決めたつもりでした。

どんなに「否定」されても、買っていただくしか「道」はない

だけど、現実は甘くありませんでした。

保険営業は、親類や知人にアプローチすることから始めるのが通例で、僕もそこからスタートしたのですが、テレビ局時代に親しくしてくれていた知人に「保険の話を聞いてほしい」と電話をしても、あれこれ理由をつけて応じてくれません。しかも、彼らにもう一回電話をすると「着信拒否」をされていて、電話にも出てくれない。

特に、退職時に「僕が最初に保険に入るよ」と言ってくれた人に、転職後真っ先に意気揚々《いきようよう》と電話をしたら、まったくつながらず、そのまま音信不通になってしまったときには愕然《がくぜん》としました。要するに、**ＴＢＳを辞めた僕には「付き合う価値がない」ということ。人間として「否定」されたような気がしました。**

初対面の人からは、もっと露骨な対応をされました。

プルデンシャル生命保険の名刺を差し出した途端に、「なんだ、プル、か……」と言われたこともありますし、数人の食事会に参加したあとに、そのメンバーでフェイスブックのグループを作るというので参加申請したけれど、「〝保険屋〟はいらない」という理由で無視されたこともあります。

知り合いに紹介されて会いに行った年下のサラリーマンが、あからさまに面倒臭そうな態度で脚を組み、タバコをくわえながら「話ってなんすか？　保険なら入る気ありませんから」と吐き捨てたときには、思わずキレそうになりました。あれは、ほんまに危なかった……。

こんなエピソードなら山ほどあります。

毎日毎日、プライドはズタズタ。その苦痛は、完全に想像を超えていました。そして、僕のなかには「怒り」が渦巻いていました。大阪出身の僕は、心のなかで、こんなふうに関西弁で毒づいていたのです。

「なんで俺がこんな目に合わなあかんねん？　何か悪いことでもしたんか？」

「着信拒否って……。話くらい聞いてくれてもええやん。みんな心が狭いで」

「営業マンというだけで否定するようなヤツは最低やろ……」

今となれば恥ずかしい限りですが、こんな調子で、僕を否定した（と僕が思った）人々のことを心の中で責め続けていたのです。

そして、正直に白状すると、TBSを辞めたことを後悔しかけていました。「会社の光に照らされるのではなく、小さくても自分で光を発することができる人間になろう」などと粋がらなければよかった、と。

だけど、今さら遅い。

もうTBSには戻れませんし、プルデンシャル生命保険を辞めるわけにもいきません。結婚して、幼い子どももいる。家のローンもまだたくさん残っている。しかも、プルデンシャル生命保険はフルコミッションですから、結果が出なければ報酬はゼロ。

〝保険屋〟と否定されようが、お客様に買っていただくしか「道」はないんです。

他人の評価に左右される「プライド」は、「プライド」と呼ぶに値しない

逃げ道はない――。

そう気づいた僕は、自分と向き合うほかありませんでした。

「俺はなんで、こんなに怒ってるんやろ？」と自分に問いかけました。

そして、ものすごく大事なことに気づきました。

テレビ局の社員であろうが、生命保険の営業マンであろうが、僕という人間には変わりはない。にもかかわらず、〝保険屋〟と否定されて、プライドを傷つけられるのには耐えられない。そんなふうに「僕という人間」を見る人たちのことが許せない。

僕は、そう思っていたわけです。

だけど、「それってめっちゃカッコ悪いことちゃうか？」と気づいたのです。

なぜなら、僕が傷つけられたと感じている「プライド」が、実のところ、他人の「評価」に左右されるものに過ぎなかったからです。

「他人が認めてくれなければ、すぐに傷ついてしまうようなプライドなんて、ほんまにプライドと呼ぶに値するんか?　そんなもんにこだわってる俺って、めっちゃカッコ悪いんちゃうか?」

そう考えが及んだときに、僕は、京都大学のアメリカンフットボール部で一緒に汗を流した同級生のことを思い出しました。

揺るがない「プライド」をもつために、やるべきたった一つのこと

彼は、1年生のときからずっと補欠でした。

決して明るいタイプではなかったので、ワイワイ盛り上がるのが好きな僕と特に仲がよかったわけではありません。だけど、僕は、彼のことが妙に気になって仕方がありませんでした。

というのは、レギュラー選手にばかり注目が集まるなかで、彼は全く目立つことのない地味な存在でしたが、いつも堂々としていたからです。そして、不平不満など一切口にせず、チームの誰よりも厳しい練習を続けていました。みんなが練習を終えても、ひとりで泥まみれになりながら、黙々と基礎練習を繰り返していたのです。

その姿を思い出して、僕は気づきました。

彼は、「本物のプライド」をもっていたんだ、と。

彼は、アメフトを心から愛し、優れたプレイヤーになるために、できる限りの努力をしていました。そして、おそらく彼は、誰よりも努力をしている自分に「プライド」をもっていた。彼の「プライド」は、レギュラーであるか、補欠であるかに左右されるものではなかった。だからこそ、レギュラーばかりチヤホヤされるなかでも、揺るがず堂々としていたのです。

しかも、最終学年である4年生のときの大切な試合でついにレギュラーとなり、チームにとって必要不可欠な存在となりましたが、彼は一切態度を変えることはありませんでした。偉ぶることなく、それまでどおり誰よりも厳しい練習を続けていたのです。そんな彼の姿を思い返しながら、「あいつ、めちゃくちゃカッコええやん」と思いました。

偽物の「プライド」など捨ててしまえ

そして、僕はこう考えました。

他人に否定されることで傷つくような「プライド」なんか偽物にすぎない。そんなもん捨ててしまえ、と。

世間が〝保険屋〟と否定しようがどうしようが、それは彼らの勝手。僕には関係のないことです。彼らが〝保険屋〟と思うのならば、それで結構。「その通り、俺は〝保険屋〟だ」と受け入れるほかありません。

そして、〝保険屋〟は売ることでしか存在価値はないのだから、そのために出来る限りの努力をするしかない。**その努力が、自分に恥じることのないものであれば、他人からどんな評価をされようとも、自分の「プライド」は絶対に揺るがない。**それこそが、「本物のプライド」だと思ったのです。

その後も、僕は何度も否定されましたし、たくさんの失敗もしてきました。だけど、心を折られることなく頑張ってこられたのは、「補欠」の同級生に教わった、「本物のプライド」が僕を支え続けてくれたからです。

彼は、「優れたアメフト選手になる」という目的を達成するために、誰かと比べるのでもなく、誰かの評価にとらわれるのでもなく、ただひたすら自分自身と向き合いながら努力し続けました。これこそが、「本物のプライド」をもつ唯一の方法だと思うのです。そして、この「本物のプライド」こそが、僕たちを強くしてくれるのです。

2 悔しいことは、明るく「根」にもつ

「否定される」ことを耐え忍ぶ必要はまったくない

プライドには2種類あります。

他人に認められていることで満たされる「偽物のプライド」と、自分に恥じない努力をすることで生まれる「本物のプライド」の2種類です。

そして、「たかが、保険の営業マン」と否定されることで苦しんでいた僕は、自分が「偽物のプライド」にこだわっているからこそ苦しいのだと気づきました。そんなものは捨ててしまって、「本物のプライド」を手に入れることで、他人からの評価に左右されない「強い自分」になろうと思いました。

ただ、だからと言って、「否定される」ことを耐え忍ぶつもりはさらさらありませんでした。

だって、失礼なことをされたら普通に腹が立ちますもん。頭を下げながら名刺を出して、「なんだ、プルか……」と言われたら、誰だって「失礼なヤツやな」と思いますよね？　若い頃の僕だったら、「ナメとんか？　こら、ボケ」ですよ、ホンマのところ。そのくらい思うのが、普通の反応だと僕は思います。

そして、その**自然に湧いてくる「怒り」を見て見ぬふりをしたり、無理やり抑えつけたりしようとするのは間違っている**と思います。というか、そんなの無理な話ですよ。腹が立ったら、腹が立ってるんです。それを認めなければ、全部が嘘になってしまいます。

重要なのは、その感情に振り回されないこと。

相手に直接、「怒り」をぶつけるのは論外ですが、かつての僕のように、「なんで俺がこんな目に合わなあかんねん？　何か悪いことでもしたんか？」「営業マンというだけで否定するようなヤツは最低やろ……」と心の中でウジウジと怒り続けているのもダメ。精神衛生上よくないし、それでは営業マンとしても、人間としても成長することができないからです。

誰かを「責め」ても何も生まれない

そこで大切なのが、「明るく根にもつ」ことです。

失礼な態度をとった相手に対して腹が立つのは当たり前。その感情を否定する必要はありません。根にもっていいと思うんです。ただし、明るく根にもつことが大事。**ウジウジと怒り続けるのではなく、「怒り」や「悔しさ」をバネにして、もっと成長してやろうと思えばいい**のです。

要するに、「誰かを責めない」ということです。

というか、心のなかで失礼な態度をとった相手を責めてたって何の意味もないですよね？　現実世界には1ミリの変化も生まれないんだから……。
はっきり言ってしまえば、誰かを見下すような態度を取る人ってたいしたことないんです。そんな人のことで、ウジウジといつまでも怒っているのは、心のエネルギーの無駄遣い。無駄なことはさっさとやめたほうがいい。

それよりも、相手に対する「怒り」をバネに、自分に発破《はっぱ》をかけたほうがよほど前向きでよいと思います。だから僕は、失礼な態度を取られたときには、よくこんなことを思ったものです。

「あんな思い上がった高慢なヤツに、〝保険屋〟みたいな仕事は絶対にでけへん。あいつには、地べたを這い回るような仕事なんかできるはずがない。だけど、絶対にあいつにできない仕事で、俺は圧倒的な結果を残してみせる。そして、『金沢さん、売ってください』と言わせるくらいの営業マンになってやる」
まぁ、心のなかで相手の頬を引っ叩いているようなもので、ちょっと乱暴に思われるかもしれませんが、こっちはリアルに見下されてるんだから、このくらいは許されるでしょう。とにかく、相手に対する「怒り」をバネにして、自分を鼓舞《こぶ》する方向に意識を向けるのです。

「矢印」を自分に向けるから、人は成長することができる

僕は、このように「矢印を自分に向ける」ことがすごく大切だと思っています。相手を責めているとき、僕たちの心の「矢印」は相手のほうに向かっていますが、その「矢印」を自分に向けるのです。もちろん、自分を責める必要はありません。そうではなく、**「俺は圧倒的な結果を残してやる」「『売ってください』と言わせるくらいの営業マンになってやる」と自分に意識を向けることに意味がある**のです。

なぜなら、相手に向けていた意識を自分に向けることで、「そのためには、自分はどうすればいいのか？」「今の自分に足りないものは何か？」などと自問自答をするようになるからです。

例えば、「なんだ、プルか……」と言われたときには、ひどく腹を立てたものですが、このことからもいろいろなことを考えるきっかけをもらいました。

「なんだ、プルか……」というからには、彼は、プルデンシャル生命保険の営業マンと接点があったということです。そして、その言い方には明らかに侮蔑《ぶべつ》の意味が込められています。ということは、かつて接点のあった営業マンが、それに値するようなことをしたのかもしれない。それはなんだろう？

もしかしたら、この人物の歓心を買うために合コンを用意したり、飲食を奢ったりしたのかもしれない。あるいは、「買ってください」とやたらとペコペコしていたのかもしれない……。

真相はわからないけれども、なんらかの侮蔑されるようなことをした可能性が高いと考えざるを得ない。だけど、俺はそんな営業はしたくないな……。それで契約してもらえたとしても、自分のことを尊敬できなくなるもんな。だけど、それくらいのことをしなければ、契約してもらえないほど難しいことなのかもしれない。だったら、俺はどうすればいい？　どうすれば、お客様と対等な関係性を築きながら、契約していただけるような営業マンになれるんや？

　こんなふうに、どんどん思考を深めていったのです。


　これが、営業マンとして成長するうえで非常に有効でした。

　僕は、誰にも見下されないような営業活動をすることによって、圧倒的な成績を叩き出す営業マンになりたかった。そのために、ありとあらゆる工夫をしながら、自分なりの営業手法を築き上げてきました。

　そのすべてを本書で公開しようと思っていますが、その多くは、〝保険屋〟として否定されたときに、「矢印」を自分に向けて、自問自答をすることによって導き出したものだったのです。


　そして、僕のエンジンとなったのは「怒り」であり「悔しさ」でした。

　僕は、否定されたことは決して忘れませんでした。しっかりと根にもち続けたのです。だからこそ、「今に見ていろ」と自分を鼓舞し続けることができたのだし、延々と営業手法に工夫を加え続けることができたのです。

ただし、僕を否定した人たちのことを恨みがましく思う気持ちはありません。彼らへの**ネガティブな感情はすべて、自分の成長の燃料にさせてもらった**からです。今では、僕を成長させてくれたことに感謝の気持ちすらあるほどです。

明るく根にもつ――。

ぜひ、みなさんにも試していただきたいと願っています。

3 営業は「確率論」である

「ノウハウ」や「テクニック」より、圧倒的に大切なもの

「プレゼンテーションをどう組み立てるのか？」

「提案資料はどのように作っているのか？」

「クロージングの仕方は？」


僕はこれまで、数多くの営業マンから、「営業で成功する方法」について相談されてきましたが、ほとんどの方が求めていたのは、このようなノウハウやテクニックに類するアドバイスでした。

僕も〝駆け出し〟の頃はそうでした。好業績を上げている先輩を捕まえては、なんとかテクニックを聞き出そうとしたものです。そして、頂戴したアドバイスを素直に実行しながら試行錯誤をすることで、自分なりの「セールス技術」を磨き上げていきました。

ただ、その経験を踏まえて断言できるのは、営業で成功するために第一に押さえるべきことはテクニックではないということです。もちろん、それらも大切なことではあるのですが、二の次、三の次の問題だと思うのです。

では、営業で成功するために最も重要なことは何か？

「答え」は簡単。「母数」です。毎日、毎週、毎月、どれだけ多くのお客様に会って、営業活動を行っているか。その**「母数」を最大化することこそが、営業で成功するための「絶対条件」**なのです。

実際、「営業がうまくいかない」と悩んでいる人に聞くと、日々、会っているお客様の「母数」が少ないケースが大半です。

それでは、どんなにテクニックに関する〝知識〟を増やしても、絶対に結果は出ません。逆に、**たとえテクニックが未熟であっても、「量」をこなしている営業マンは、確実に結果を出していきます。**これが、営業という仕事の「真実」なのです。

「母数」を増やせば、それに比例して「結果」は出る

僕が、この「真実」にはじめて触れたのは中学時代のことです。

卑近な話で恐縮ですが、同級生の友達とナンパにチャレンジしたときのことです。男子校に通っていたため、日常的に会話する女性といえば、母親か保健室の先生くらい。「このままではアカンやろ?」というわけで、大阪の繁華街に繰り出して、路上で女の子をナンパすることにしたのです。アホみたいですけど、本人たちは大真面目でした。

目標は、当時みんなが使っていたポケベルの番号を、一人でも多くの女の子から教

えてもらうこと。だけど、もちろん苦しい戦いを強いられました。

勇気を出して、道行く女の子に声をかけても、ほとんどは見向きもしてくれません。なんとか受け答えをしてくれる女の子がいても、なかなかポケベルの番号までは教えてくれない。ようやく一つ目の番号を教えてもらうまでに、10人くらいの女の子に断られなければなりませんでした。


これでは、効率が悪すぎる。

それに、こんなに拒絶されまくっていると、さすがに心が折れそうになります。

そこで、友達と作戦を練りました。「立ち止まってくれる女の子に共通点はないか?」「どう声をかけたら立ち止まってくれる?」「どんな風に話をもっていったら、番号を教えてくれる?」など、意見交換をしながら「ナンパ作戦」を立てたのです。

ところが、それで再チャレンジしても、状況はほとんど変わりませんでした。次から次に断られるだけ。そこで、再び集まって作戦会議……。そんなことを何度か繰り返しましたが、結局、たいした変化は起こりませんでした。

そして、僕たちはようやく気づきました。

作戦会議をやっている時間が無駄だ、と。そんなことをやっても、急にナンパが上達するわけじゃない。実際、番号はたいして増えてないやん？　それよりも、「下手な鉄砲も数撃ちゃ当たる」ではありませんが、ひとりでも多くの女の子に声をかけたほうがいいと考えたのです。

これが大正解でした。当初、10人に声をかけて1人から番号を教えてもらいましたが、20人に声をかけたら2人、30人に声をかけたら3人と、声をかける「母数」にほぼ比例して、番号を教えてくれる女の子は増えていったのです。つまり、ナンパは「確率論」だということです。

スケジュール帳は「色」で管理する

僕は、このことを感覚的に知っていたので、プルデンシャル生命保険に入って真っ先に意識したのは、お客様と会う「母数」を最大化することでした。

そのために、**お客様が会ってくださる時間帯――朝の9時から夜の9時くらいまで**

――はすべて外回りの営業に費やすことにして、数週間先までスケジュール手帳がびっしり埋まるようにアポ取りを繰り返しました。

特に重視したのは、初めてお目にかかるお客様の「母数」を増やすことです。二度目、三度目に会うお客様とのアポイントももちろん大切ですが、アプローチするお客様の「母数」を最大化するためには、新規のお客様とのアポイントを増やすことが絶対条件だからです。

そこで、僕はスケジュール帳を「色」で管理することにしました。新規のお客様のアポイントを記入したら、そこに黄色の蛍光ペンで塗り、二度目のお客様は緑色、三度目のお客様は橙色、そして、プライベートの予定はピンク色という具合に「色」を塗り分けるのです。

こうしておけば、手帳を開いた瞬間に、自分の仕事の状況を把握することができます。注目するのは黄色で塗られた「面積」です。この「面積」が少ないということは、新規のお客様の「母数」が増えていないということ。明確な数値目標を設けていたわけではありませんが、だいたい全体の半分以上が「黄色」で塗られている状態を維持するようにしていました。

「難易度」が低くて、確実に「結果」が出ることから始める

こうして、スケジュール帳を埋めたら、あとは、そのアポイントをひたすらこなしていきます。

日中のほぼすべての時間を外回りの営業に費やして、毎日、帰社するのは夜の10時くらい。同僚が次々と「おつかれさま〜」と退社していくのを横目に、「営業報告書の作成」「メールの送信・返信」などの事務処理や、「提案書の作成」を夜中までかけて行いました。

僕は、事務処理は苦手だし嫌いだから、毎日毎日夜中までデスクワークをするのは、まさに「苦行」でしかありませんでした。

正直なところ、もっと早く帰社して、通常の時間に事務処理をしたいとも思いましたが、それをやると、お客様の「母数」を最大化することができません。

だから、**「人が起きている時にしかお客様には会えないんやから、人が寝ている時に自分の仕事をするしかないやろ。がんばれ」**と自分に言い聞かせて、誰もいないオフィスで歯を食いしばりながら、コツコツと夜遅くまで事務処理に励みました。

そして、やはりこれは正解でした。

当時の僕は、営業マンとしてはまったくの〝青二才〟。今思えば、無駄なことも山ほどやっていましたし、営業テクニックも未熟でしたから、「営業効率」はおそろしく低かったと思います。

先輩営業マンが1ヶ月に30人のお客様に会って10件を成約させていたとすれば、当時の僕は30人で5件くらいしか成約できていなかったんじゃないでしょうか。それくらいの実力差はあったと思います。

だけど、そんな僕でも、アポ取りをやりまくって、営業に駆けずり回って、1ヶ月に2倍の60人のお客様にアプローチすれば、成約件数も2倍の10件くらいにはなります。営業は「確率論」ですから、たとえ営業効率が悪くても、圧倒的な「量」をこなせば、先輩と肩を並べるくらいの「結果」を残すことは可能なのです。

実際、僕はプルデンシャル生命保険に入社してすぐに、新人営業マンとしては「十分に合格」と評価される成績を収めることができました。それは、僕に営業マンとしての素質があったからではなく、とにかく「量」をこなすために必死に駆けずり回ったからなのです。

大事なのは、いきなりテクニックに走ろうとしないことです。

だって、付け焼き刃のテクニックで結果が出るほど、営業は甘くないからです。中学生のナンパだってすぐには上達しないんだから、営業テクニックがそんなに簡単に上達しないのは当然のことでしょう。

だけど、**お客様にアプローチする「母数」を増やすのは、誰でもやろうとさえすればできること**です。であれば、難易度は低いけれども、確実に結果が出ることに専念するのが得策です。

まず、「母数」を追求する。

これが、営業マンとして成功する第一歩なのです。

4 「実戦経験」でしか成長できない

最速でテクニックを磨く「方法」とは？

営業で最優先すべきなのは「母数」である――。

僕はそう確信しています。いきなりテクニックを身につけようとするよりも、まずはアプローチするお客様の「母数」を最大化することに専念するほうがいい。

テクニックは一朝一夕には高まりませんが、「母数」を増やすのは、努力さえすれば誰でもできること。そして、営業は「確率論」ですから、「母数」を増やせば必ず「結果」はついてくるのです。だったら、まずは「母数」を最大化することに専念するのが正解だと思うのです。

しかも、実は、**「量」をこなすことこそが、最速でテクニックを身につける方法**でもあります。

中学生のときに友達と街中でナンパしたときもそうでした。あのとき、僕たちは、街中の女の子に声をかけてポケベルの番号を教えてもらおうとしましたが、ほとんどの女の子は立ち止まってくれさえしませんでした。

だから、僕たちは集まって「立ち止まってくれる女の子に共通点はないか?」「どう声をかけたら立ち止まってくれる?」「どんな風に話をもっていったら、番号を教えてくれる?」などと意見交換をしながら「ナンパ作戦」を立てましたが、ほとんど意味がありませんでした。そんな付け焼き刃の作戦が通用するはずがなかったのです。

ところが、「ごちゃごちゃ考えるのやめよう」と開き直って、「下手な鉄砲も数撃ちゃ当たる」方式で声をかけまくっているうちに、だんだんと感覚が掴めるようになっていきました。

パッと見た瞬間に、立ち止まってくれる女の子かどうかがわかるようになる。相手が返事をしやすい声のかけ方も、なんとなく身についてくる。その結果、成功確率が徐々に上がっていきました。みんなで集まって作戦会議をやるよりも、「量」をこなしながら試行錯誤をするほうが、「ナンパ」の上達スピードは確実に速かったのです。

「実戦」で経験を積まなければ、練習の「質」は高まらない

これは、あらゆることに通じることです。

例えば野球。僕は中学・高校時代に野球に熱中しましたが、バッティングを上達させるには、「量」をこなすことが絶対条件でした。

まず、基礎練習の「量」です。素振り、ティー・バッティング、フリー・バッティングなどの基礎練習を延々と繰り返し行うのは単純で面白みはありませんが、これを一定量を超えて繰り返しやらない選手が上達することは100%ありません。野球の理論書をいくら読んだところで、基礎練習を通して身体で覚えなければ使い物にならないのです。

ただし、練習ばかりしていてもうまくはなりません。

何よりも重要なのは、実戦でバッターボックスに立つ「量」を増やすことです。

練習と実戦は全然違います。実戦ではどうしたって緊張しますから、普段通りのスイングをすることすら難しいですし、相手投手は打たれないように本気でボールを投げ込んできますから、フリー・バッティングで打つボールとは「球質」がまったく異なります。

それに、投手には一人ひとりクセがあります。同じストレートという球種を投げても、投手によって「球質」は全然違いますし、投球動作に入ってからボールがリリースされるまでのタイミングも、投手によって千差万別です。だから、投手に合わせて調整しなければ、ヒットを打つことはできません。当たり前のことですが、練習のようにうまく打てるはずがないのです。

しかし、この「実戦経験」がきわめて重要です。

なぜなら、実戦でさまざまな投手と対戦して、三振したり、凡打に終わったりする経験をするからこそ、「なぜ、打てなかったのか？」と考えることができるからです。

例えば、投手のタイミングに上手に合わせられなかったのならば、バットを構えているときのタイミングの取り方を工夫すればいいと気づくでしょう。そして、そのような「課題意識」をもって基礎練習に取り組むことで、バッティングの技術は劇的に向上していくのです。

「本当の学び」が始まる瞬間とは？

営業も同じです。

とにかく、実戦経験の「量」をこなすことが、テクニックを磨くうえで最も重要なのです。

僕も、プルデンシャル生命保険に入って最初の1ヶ月の研修期間は、営業マニュアルを読み込んだり、セールス・スクリプト（台本）のロールプレイングをしたり、提案書の作り方を学んだり「練習」に精を出しました。

不精者の僕は、学生時代にノートをとったことはほとんどありませんでしたが、当時は、学んだことや気づいたことをびっしりとノートに書き込んでいました。それだけ真剣だったということですが、率直に言えば、そういう「練習」はたいして役には立ちませんでした。

もちろん、それが無駄だったとは思いません。

特に、プルデンシャル生命保険で受け継がれている営業マニュアルは、「営業」を科学的に解き明かしたきわめて優れたものです。それに、何度もロールプレイングを繰り返すことで、セールス・スクリプトを体で覚えたことも、僕の営業力のベースになってくれたと思います。

だけど、しょせんは「理論」であり、しょせんは「練習」です。研修期間が過ぎて、実際に営業をして、さまざまなお客様と接するようになると、「理論」どおりに、「練習」どおりにはいかないということを、身をもってイヤと言うほど思い知らされます。

そして、本当の「学び」は、そこから始まるのだと思います。

さまざまなお客様と向き合い、さまざまなシチュエーションを経験して（さまざまな投手のさまざまな「球種」を経験するのと同じ）、数多くの失敗をすることによって、「なぜ、うまくいかなかったのか？」「どうすれば、うまくいくのか？」と振り返る。そして、自分の言動を細部にわたるまで反省して、修正を続けていく。そのプロセスによって、自分なりのノウハウ、テクニックが磨き上げられていくのです。

つまり、ノウハウやテクニックを身につけたければ、とにかく「場数」を増やすべきだということです。だから、僕は常々、日中、社内でロールプレイングに精を出す営業マンを見かけると、「なぜ、そんなもったいないことをするのか？」と思っていました。

もちろん、ロープレは非常に大切です。僕も、最初の1ヶ月は死に物狂いでやりました。だけど、**ロープレを日中に行う必要はまったくありません。なぜなら、お客様が会ってくださるのは日中だけだからです。その貴重な時間を「練習」に費やすのは、あまりにももったいないではありませんか。**

野球で言えば、せっかく「試合に出ていいよ」と言ってくれているのに、「いや結構です」と言って、試合にも出ずに素振り練習をしているようなもの。「練習」するのはおおいに結構なのですが、それは「試合」が終わってからやればいいのです。

成長に必要なのは「実戦経験」です。
その「量」を最大化することが、テクニックを磨く最高の方法なのです。

5 「ハードワーク」こそが最強の武器である

「絶対的な成功」のためには、やれる限りのことをやるしかない

僕は営業マンになってすぐに〝過激〟な決断をしました。

週末以外は、家に帰らず、寝袋にくるまって会社に寝泊まりすることにしたのです。

理由はもちろん、お客様にアプローチする「母数」を最大化するためでした。

僕は、お客様が会ってくださる時間帯――朝の9時から夜の9時くらいまで――はすべて外回りの営業に費やして、事務処理や提案書の作成などの自分の仕事は、夜の10時ごろに帰社してから夜中までかけて行うことにしましたが、それもすぐに限界にきました。

夜中まで仕事をして家に帰ろうとすると、さらに睡眠時間が削られてしまうのです。長女はまだ幼く可愛い盛りで、妻も妊娠中でしたので、本当は飛んで帰って寝顔だけでも見たい。でも、それでは身が持たない。そこで、妻とも相談したうえで、帰宅するのは週末だけにして、平日は寝袋にくるまって会社の床で寝泊まりすることにしたのです。


働き方改革の時代に、逆行しているかもしれません。

会社からは「やる気があるのはありがたいが、会社としてはそこまでの仕事は求めていない。普通の働き方で結果を出してほしい」と言われましたし、周りの人からは「過剰なやる気」にあきれられもしました。

だけど、僕は、営業マンとして絶対的な成功を収めるために、一切の妥協なくやれる限りのことをやり抜きたいと思いました。**中途半端なことをして、後悔だけはしたくなかった。**妻もはじめは戸惑いを隠しませんでしたが、丁寧に思いを伝えると、「思う存分やりなさいよ。応援するから」と言ってくれました。彼女が理解してくれたからこそ、実行に移せたのです。

僕の人生を変えたある経営者の「厳しい言葉」

なぜ、そこまでしようと思ったのか？

そこには、僕なりに深刻な「精神的な問題」がありました。

すでに述べたように、僕がＴＢＳを退職して〝保険屋〟をめざしたのは、テレビ局に勤めているというだけでチヤホヤされて〝いい気〟になっているのが、あまりにもカッコ悪いことだと思ったからです。

そう思い知らされた瞬間のことは、今でも忘れることができません。

ＴＢＳ時代に、友人のパーティに参加していたときのことです。僕が座ったテーブルには、ある飲食店経営者がいらっしゃいました。みんなで盛り上がるのが大好きな僕は、そのときも、会話の輪の中心になって思いっきり楽しんでいました。しかし、その飲食店経営者は適当に合わせてはくれましたが、少し不機嫌そうにも見えました。

そして、パーティも終わりに近づいたときに、こんな言葉を言われたのです。

「実はあんたらみたいなエリートって大嫌いなんだ。オレは中卒でコンプレックスの塊のような男だよ。だからこそ血ヘドを吐いて泥水も呑んで、会社をここまで大きくできたんだ」

もちろん、場の空気は凍りつきました。

仲間のなかには、「こんな場所で、何を言い出すんだよ……」という表情を浮かべた人もいました。でも、この言葉は、僕の心のなかでグジュグジュと疼《うず》いていた「傷口」に突き刺さりました。そして、「俺はこの人に、人としてぜんぜん負けている」と思わずにいられませんでした。

たしかに、僕は「学歴」や「勤務先」などのおかげで、周りからチヤホヤされて〝いい気〟になっているだけでした。この経営者のように、ギリギリの限界まで力を尽くしたこともなかった。「この人の生き方のほうが、何百倍もカッコいい」と認めないわけにはいかなかったのです。

自分を「取り繕う生き方」をしてはならない

僕の「傷口」は、京大アメフト時代につくったものです。

それを見て見ぬ振りをして、放置したまま生きてきたがために、「傷口」は治ることなく、グジュグジュと疼き続けていました。いや、テレビ局でチヤホヤされればされるほど、実は、その「傷口」は悪化していたのです。

なぜなら、僕がＴＢＳに就職することができたのは、僕の実力ではなく、京大アメフト部に所属していたおかげだからです。京大アメフト部は「名門」として知られ、名将・水野弥一監督の指導のもと徹底的に鍛えられた卒業生は、社会の各界で大活躍をしていました。そのブランド力のおかげで、僕はＴＢＳに入ることができたのです。

しかし、僕はアメフトというスポーツに対して〝後ろめたさ〟のようなものをずっと感じていました。

もちろん、僕は、アメフト部の厳しい練習を休んだことはなかったし、口では「大学日本一になる」と言い続けていました。しかし、**実際には、自分自身の限界を超えた「もうひと頑張り」をしてはいませんでした。要するに、本当のところは、「本気」ではなかった**のです。

そのことを監督には見抜かれていましたし、僕自身、心の底ではわかっていました。日本一になれなかったのではなく、日本一を本気でめざしていなかった自分がいることは自分でわかっていたんです。

だけど、その事実に向き合うのを避けるために、どこかで中途半端な自分を取り繕いながら生きていました。そして、結局、日本一になることはできず、不完全燃焼のまま卒業。にもかかわらず、ラッキーなことにＴＢＳに入社することができたというわけです。

テレビ局ではスポーツ番組の担当になりました。

京大アメフト部出身であれば、アスリートに寄り添った「よい番組」が作れるだろうという判断があったからでしょう。それは僕の希望でもあったので、とても嬉しかったですし、やる気満々で仕事に取り組みました。

だけど、それは同時に、「取り繕っている自分」を否が応でも認識させられることでもありました。

なぜなら、アスリートはひとりの例外もなく、毎日毎日、自分自身と向き合い、自分自身の限界を超えた「もうひと頑張り」をやり続けているからです。もっと言えば、血ヘドを吐く思いで努力を続けておられるのです。そんな「本物」を前にするのは、「自分は偽物である」という事実と向き合わされることでもありましたが、それすらもごまかして、日々をやり過ごす自分がいたのです。

一切の妥協なく、「本気」でやり切る

そんな僕の「傷口」をえぐったのが、あの飲食店経営者の言葉でした。

そのままテレビ局にいれば、恵まれた環境でチヤホヤされながら生きていけるのでしょうが、そんなことのために、もうこれ以上、自分を取り繕いながら生きるのはイ

ヤだと思いました。それで大事な一生を終えるのはイヤでしたし、あまりにも〝カッコ悪い〟生き方に思えたのです。

だから、アメフトに対して「本気」で取り組まなかった自分が、京大アメフト部出身という理由でテレビ局に採用されたという「原点」を否定して、もう一度ゼロから何かに「本気」で取り組みたいと思いました。

あの経営者が「血ヘドを吐いて泥水も呑んで」頑張ったように、自分も一切の妥協なく「本気」で何事かを成し遂げたい。そして、**心に曇りなく、胸を張って生きていきたいと思った**のです。

そして、ちょうどそんな思いが募っていたときに、プルデンシャル生命保険に勤めている京大アメフト部の同級生から「一緒に働かないか?」と誘われ、「会社の〝看板〟がまったく通用しない生命保険セールスという世界で、全力を出し尽くして、圧倒的な結果を出してやろう」「日本一の営業会社であるプルデンシャル生命保険で、日本一になってみせる」と転職を決断したのです。

だから、ハードワークは僕の望むところでした。

「量」をこなすために必要であれば、会社に寝泊まりしてでもやれる限りのことをする。それこそが、僕自身が抱えていた「精神的な問題」を解決する唯一の方法だったからです。まぁ、僕の周りに「そこまでしなくてもいいだろ」と思う人がいたのももっともなことだとは思いますが、僕の個人的な問題から、自ら望んでハードワークに飛び込んでいったわけです。

しんどい想いをするから、"頑張れる器"が大きくなる

そして、今になって振り返ると、営業マンになりたての段階で、自分に「物理的に、これ以上は絶対にムリ」というレベルのハードワークを課したのは正解だったと思っています。

なぜなら、最初の段階でマックスに振り切った仕事量をこなすことによって、そこ

に込めた「仕事に対する熱量」が、それ以降の自分の標準になるからです。いろいろな営業マンを見てきましたが、**最初に80の熱量で仕事をしていた人が、あとになってから100、120の熱量を発揮するようになるケースはほとんどありません。初期設定がその人の働き方を決定づける**ものなのです。

これは、京大アメフト部の水野監督からもよく言われたことです。

「男は30歳までに器が決まる。それは〝頑張れる器〟の大きさや。死ぬほどしんどい思いをしろ。それがおまえの器を作ってるんや。楽をしても器は大きくならんぞ」

学生時代は、あまりピンと来なかったのですが、今となれば、「まさにそのとおりだ」と深く納得します。

歳を取ってから、若い頃に経験した苦労を越えた苦労に耐えることはできません。これは営業も一緒です。できるだけ早いタイミングで、最大限のハードワークをこなすことが、その人の「耐性」を最大限に高めてくれるのです。

自分の限界を少し超える「ハードワーク」が心を強くする

しかも、ハードワークをした人間は強い。

僕は、プルデンシャル生命保険の優秀な営業マンたちと売上を競い合い、何度も劣勢に立たされたことがありますが、そんなときに「火事場のバカ力」が湧き上がって逆転をすることができたのは、「俺は、誰よりもハードワークをしてきた。その俺が負けるわけがない」と心の底から思えたからです。

もちろん、無理やりハードワークをさせられたら、一瞬で心は折れてしまうでしょう。だけど、**自ら望んで行うハードワークは、苦しいときにも心をもちこたえる「城壁」となってくれる**のです。

僕のケースは特殊だと思います。

会社に寝泊まりするほど極端なハードワークをしなくても、「結果」を出すことはできるはずです。だけど、〝駆け出し〟のうちは、スマートに効率的な働き方をしようとするよりも、自分の限界をちょっと超えるくらいのハードワークを課したほうがいいと、僕は思っています。

そもそも、たいした経験も積んでいないのに、「何が効率的で、何が非効率的なのか」なんてわかりっこありません。さんざん非効率的なこともやって、失敗を繰り返すなかで、「効率的な営業の仕方」を体で学んでいくのです。無駄を知らずして効率化など出来るわけがないのです。

いまは「働き方改革」の時代です。

だから、「ハードワークなんて時代遅れだ」と笑う人もいるでしょう。

でも、笑わば笑えです。僕は、その後、「保険を売ろう」としなくても、お客様から「保険に入りたい」とご連絡をいただけるようになり、「超効率的な営業スタイル」を確立することができましたが、それは、最初の段階でマックスに振り切ったハードワークをしたからです。最初から「効率的な働き方」をしようとしても、中途半端な技術しか身につかないと確信しているのです。

6 「ポジティブ・シンキング」は危険である

営業とは「断られる」のが仕事である

営業とは「断られる」のが仕事のようなものです。

アポ取りの時点でバンバン断られるのが当たり前。「プルデンシャル生命保険の金沢……」とすら言い終わらないうちに切られたり、露骨に迷惑そうな声で断られたり……。それも辛いですが、ようやくアポが取れたお客様と何度もお目にかかって、何度も提案書を作り直して、やっとのことで契約をお預かりできると思ったときに断られるのはもっとキツいものです。

僕も、これには苦しみました。

もちろん、営業マンになったときから、たくさん断られることは織り込み済みではありました。だからこそ、アプローチするお客様の「母数」を増やす必要があると思って、会社に寝泊まりするハードワークを自分に課していたわけですが、実際にバンバン断られることの精神的ダメージの深さは想像をはるかに超えていました。

特に、「もう少しで契約をお預かりできる」というタイミングで断られることが続いたときには、世の中全体からシャットアウトされたような、目の前が真っ暗になるような思いがしたものです。

今でも、鮮明に覚えてますが、**お客様からお断りの連絡が続いて、ショックのあまり、駅のホームの椅子でボーッと座り込んでいたり、繁華街のど真ん中でボーッと突っ立っていて、ハッと我に返るようなことも何度かありました。**

こうなってくると、当然、営業するのが「怖く」なってきます。

当時、僕は電話でアポを取っていましたが、その電話に対する恐怖感が半端じゃないほど大きくなるのです。電話をかけても、ほとんどは「無視される」か「断られる」かされるうえに、そこをクリアできても成約までいけるのはほんのわずか。一本の電話の「先」にある未来を思うと、思わず躊躇してしまう自分がいたのです。

「ポジティブ・シンキング」は危険！

これを、保険業界では「メンタル・ブロック」と呼んでいました。

「断られるのが怖い」という恐怖心が心理的なブロックとなって行動ができなくなるという意味で、保険業界に入るまでは耳にしたことがない言葉でしたが、まさに自分が置かれている心理的な状況を言い当てている絶妙なネーミングだと思いました。

ただ、その言葉の使い方には違和感がありました。

というのは、多くの営業マンが、「メンタル・ブロックがあるから、今日はこれ以上テレアポできない」といった使い方をしていたからです。

もちろん、その気持ちはよくわかります。僕だってもちろん断られるのはイヤです。そういう意味ではメンタル・ブロックはもちろんあります。でも、メンタル・ブロックという言葉を「やらない言い訳」にしても何も起こりません。

むしろ、そうやって自分を甘やかすことは、結局のところ、自分の首を締める結果を招くだけです。だって、メンタル・ブロックがあろうがなかろうが、お客様にアプローチをしなければ、絶対に結果は出ないんですから……。

だから、僕は、メンタル・ブロックという言葉を「禁句」にしましたし、メンタル・ブロックを話題に持ち出されたときには、適当に調子を合わせながらも、その話題に深入りしないようにしていました。僕の中にも、辛いことから逃げたい気持ちがありますから、そちらのほうに流されないように予防線を張っていたのです。

ただし、メンタル・ブロックを言い訳にするより、さらに危険なことがあります。それは、「自分にはメンタル・ブロックなんてない」という思考法です。それをポジティブ・シンキングというのかもしれませんが、これはすごく危険な発想だと僕は思っています。

なぜ危険かというと、そこには〝ごまかし〟があるからです。

だって、誰だって断られるのはイヤじゃないですか？　傷つくじゃないですか？　そして、断られ続けたら、誰だって営業するのが怖くなるし、電話すらも怖くなるのは当然。僕だって、すごく怖くなった。

それを否定するのって、絶対に無理があると思うんです。実際、**「僕にはメンタル・ブロックなんてありません！　ポジティブ・シンキングが大事ですよ」などと公言しながら、無理に無理を重ねていた営業マンが、途中でポッキリと心が折れていくのを目の当たりにした**ことがあります。

僕は心理学者ではないから、「なぜ、ポジティブ・シンキングで心が折れるのか」を分析することはできませんが、なんとなくわかります。

ポジティブ・シンキングというと〝聞こえ〟はいいですが、要するに、傷ついて、落ち込んで、弱気になっている自分の「弱さ」から目をそらして、自分の「本当の気持ち」をごまかしているだけだからです。自分の心を労ってあげもせず、無理に無理を重ねていたら、誰だって心が壊れてしまうと思うのです。

イチロー選手の「言葉」に学んだ営業マンの鉄則とは？

だから、僕は「自分の弱さ」を受け入れるように心がけていました。強がる必要はないと思ったのです。お客様に断られ続けて、電話するのが怖くなったら、「ほんま怖いな……。もう電話したくないな」と認めてしまうんです。そして、「こんなに断られ続けたら、誰だって怖くなる。俺もそうや。それはしゃーないことや」と自分に語りかけました。

重要なのは、ここからです。

ここで、さらに自分にこう問いかけました。

「怖いよな？　逃げ出したいよな？　だけど、自分はどうなりたいんや？　営業マンとして成功したいんやろ？　あとで後悔したくないんやろ？　やれる限りのことやり尽くしたいんやろ？　カッコ悪い自分は、もうイヤなんやろ？　だったら、どうしたらええねん？」

要するに、「やるか？　やらないか？」の二者択一を自分に迫るわけです。

答えは一つしかありません。やるしかないんです。電話するのは怖いけど、やるしかない。それに、それこそが「自分のためによいこと」なんです。そう思うと、だんだんと「やるしかないな」と腹が決まってくるんです。


でも、もちろん、そんなに簡単にいかないこともあります。

いくら自分に「やるしかないやろ？」と問いかけても、「そらそうやけど……」とグズグズしてしまう。むしろ、そういうときのほうが多かったかもしれません。人間だもの……仕方ないですよね。


そんなときには、イチロー選手の「打率4割を目指したことはない」という言葉を思い出しました。

あれだけの打率成績を残したイチローさんが、なぜ「打率」を目標にしなかったのかというと、もしも、最終打席のときの打率がちょうど4割だったら、バッターボックスに立ちたくなくなるからです。その打席でヒットが出なかったら、打率が4割を切ってしまうのですから、誰だって、そんなリスクは冒したくないでしょう。

だから、イチローさんは、「打率ではなく、ヒットを一本増やしたいと考える」ようにしていたそうです。

たしかに、バッターボックスに立たなければ「安打数」は増えませんから、「打席数」が多ければ多いほうがよいということになります。そして、イチローさんは「次の目標は、次のヒットです」という言葉も残しています。つまり、**バッターボックスに立ち続けて、一打席一打席を大切にし続けることで、あれだけの偉業を成し遂げた**ということです。

「自分の弱さ」を認めてあげるから、人は強くなれる

このイチロー選手の思考法に、僕は強い影響を受けました。

というか、あのイチロー選手ですら、打席に立つことに恐怖を感じることがあったということに救われる思いがしました。**圧倒的な成績を残した天才打者ですら「打席に立つ」のが怖いのだから、平凡な営業マンである僕が「打席に立つ（お客様にアプローチする）」のが怖くなるのは当たり前**だと思えたからです。

しかも、営業マンは〝打率〟を問われません。

10人のお客様にアプローチして3つのご契約をお預かりするほうが、30人にアプローチして5つの契約をお預かりするよりも、よほど〝打率〟はいいですが、営業マンとして評価されるのは5つの契約をお預かりした方です。

だったら、〝打率〟なんか気にせず、とにかく〝打席数〟を増やしたほうがいい。イチロー選手のように「ヒットを一本増やしたい」と前向きに考えて、〝打席〟に立ち続ければいい。僕は、そうやって自分の弱い気持ちを励まし続けたのです。

僕は、多分、プルデンシャル生命保険で、誰よりも多くのお客様にアプローチをし続けて、誰よりも多くのお客様に断られてきたと思います。

だからこそ、結果も出せたのですが、それができたのは、「ポジティブ・シンキング」で自分の本心をごまかすのではなく、自分の弱さを認めたうえで、自分に「やるか？　やらないか？」と選択を迫ったからだと思っています。**自分の弱さを認めてあげるからこそ、人は強くなれる**のです。そして、イチロー選手の言葉は、そんな僕たちを励ましてくれているのです。

7「自分の頭で考える」を勘違いしない

「自分の頭で考える」という意味を取り違えると〝大間違い〟を犯す

「自分の頭で考えられる人間になりなさい」

これは、ビジネス書などを読むと必ず書かれていることです。

僕も、そのとおりだと思います。言われたことをやるだけの「指示待ち人間」や、マニュアル通りに仕事をする「マニュアル人間」が、営業マンとして優れた実績を叩き出すことは100%ないと断言できます。

ただし、注意したほうがよいことがあります。

これは僕なりの理解ですが、**「自分の頭で考える」とは、「何でも自分の頭で〝ゼロ〟から考える」という意味ではありません。**ここを間違えると、とんでもない間違いを起こしかねないのです。

特に、注意が必要なのが「初心者」です。初心者のなかには、周囲のアドバイスに本気で耳を傾けず、ろくにマニュアルを学ぼうともせずに、「僕なりのやり方でやります」などと〝自己流〟で仕事をやりたがる人がいますが、これでうまくいくことはまずありません。

これは、当たり前のことです。

何事にも、先人が築き上げてきた「型」（マニュアルと言ってもいいでしょう）というものがあります。その「型」を無視して、〝自己流〟で身につけようとするのはあまりにも非効率ですし、よほどの天才でもない限り、「型」を超えるパフォーマンスをあげることは不可能でしょう。

例えば、野球のバッティング・フォームにも、「ボールを胸元まで引きつける」「最短距離でボールをとらえる」「腕の力でなく腰の回転を利用してスイングする」などの「型」がありますが、これは、野球発祥以来、先人が気の遠くなるような時間をかけて試行錯誤してきた末に確立したものです。

そして、コーチに指導されるままに徹底的に素振りなどの基礎練習を行って、この「型」を身体に覚え込ませた選手が上達して、コーチをつけて「型」を教わらずに、〝自己流〟で練習している選手はいつまでたっても上達しないのは当たり前のことです。

つまり、**最初は、言われるがままに、マニュアル通りに練習するのが、最速で上達する方法**だということです。

〝バカ〟になったつもりで、「型」どおりにやってみる

これは、営業も全く同じです。

営業の世界にも、先人が築き上げてきた「最も成功確率の高い方法」＝「型」が存

在しますから、〝駆け出し〟のときは、〝バカ〟になったつもりで、その「型」通りにやってみることが大事です。

僕も、プルデンシャル生命保険に入って最初の1ヶ月間は、同社で推奨されているセールス・スクリプト（台本）を徹底的に練習しました。今でも、一字一句間違えずに言うことができますし、他のことを考えながらでもスラスラとそらんじることができます。

というか、頭で考えながらセールス・スクリプトを話しているようではダメで、身体で覚え込んで自動再生できるくらいにならなければ使い物になりません。

バッティングもそうですよね？　スイングをするときに、一つ一つのアクションを考えながらやっているようでは絶対にボールは打てません。ボールが来たら、身体が自動的に反応できるようになるまで練習をやり込んで、はじめてボールを打ち返すことができるのです。

営業でも、トーク内容をその場でいちいち考えているようでは、お客様の一挙手一投足からその真意を汲み取りながら、適切に対応していくことは不可能です。

営業の現場で重要なのは、お客様が「何を大切に思っているか？」「何を不安に思っているか？」などを的確に掴み取って、臨機応変に対応していくことです。つまり、お客様に意識を集中しなければならないのです。

そのためには、セールス・スクリプトの基本的な内容は、いちいち頭を使わずとも、自動的にスラスラ出てくるように訓練しておかなければならないのです。

まず「型」を身につけてから、「型」を修正していく

これができるようになって、はじめて「自分の頭で考える」ことが求められるようになります。

というか、これができるようになっても、「自分の頭で考える」ことをせずに、ただただ、「型」通りにやっているようでは、営業マンとして成長していくことはできません。

なぜなら、お客様は一人ひとり違うからです。「型」通りのトークをしても、その反応はまさに百人百様。**お客様の個性や、お客様が置かれている状況に合わせて、アレンジを加えていく必要が生じます。そして、この部分は、「自分の頭で考える」ほかない**のです。

それに、さまざまなお客様に営業する「実戦経験」を積むうちに、「型」そのものを見直したほうがいいことに気づくことがあります。

例えば、初歩的なことで言うと、僕が営業を始めた頃はテレアポが主流でしたから、僕もそれにならって電話をかけていましたが、しばらくしてから、ほぼすべてメールで連絡をするようにしました。

なぜなら、お客様が電話に出るためには、いまやっていることを中断しなければなりませんし、対応するために時間も取られてしまうからです。電話は、お客様にとって迷惑なのです。それよりも、お客様の都合のよい時に対応できるメールで連絡をしたほうが望ましいに決まっているのです。

もちろん、これだけではありません。

テレアポをメールに切り替えたほかにも、さまざまなことを現状に合わせたり、お客様に合わせたり、自分に適したやり方に変えたりしていきました。

ただし、それができたのは、僕が最初の段階で、業界で確立された「型」を徹底的にマスターしたからです。そして、その「型」をカスタマイズしていくことで、〝自分流〟のやり方を確立していったのです。

「結果を出している営業マン」を徹底的にマネする

あるいは、「結果を出している人」のマネをするのも重要です。

例えば、服装。僕は、営業マンになったときに、プルデンシャル生命保険の大先輩である川田修さんの『かばんはハンカチの上に置きなさい』(ダイヤモンド社)をはじめ、「結果を出している営業マン」が書いた本を何冊も読みました。

そして、それらの本で推奨されているものを、ユニフォームのように身につけることにしました。

紺のスーツに、白シャツ。黒革ベルトに黒革靴。時計は黒革ベルトに白のフェース。髪型は、横は刈り上げ……。必ずしも、僕の好みではありませんが、そんなことは関係ありません。これが、結果を出している営業マンのスタイルなのであれば、それを徹底的にマネしたほうがいいに決まっています。

実際、このスタイルは清潔感と信頼感を相手に与える効果があるため、営業マンとして活動するうえでは最適であることを実感しました。やはり、**結果を出すためには、結果を出している人のマネを徹底的にするのが近道**なのです。

ただし、結果がそれなりに出るようになってからは、僕なりに工夫を加えました。

例えば、ネクタイはすべてピンク色に変えました。しかも普通のピンクではなく、蛍光色に近いショッキングピンクです。ネクタイだけではなく、ペンケースとか名刺入れなどの小物もピンク色のものにしました。自分が好きな色ということもありますが、お客様との会話で「ネタ」になるという狙いがありました。

ピンクのネクタイは目立ちますから、お客様が「ピンク好きなんですか？」などと話題にしてもらえる可能性が高いからです。それに、ネクタイだけではツッコんでくれなかったとしても、かばんから取り出したペンケースまでピンクだったら、さすがにクスッと笑ってくれたりします。こんなことでも、グッとお客様との距離を近づけることはできるのです。

もちろん、私服のときも必ずピンク色のものを身につけますし、ゴルフウエアもゴルフクラブもピンク。親しくなったお客様とゴルフに出かけたら、「ピンク」の話題だけでひとしきり盛り上がれるわけです。

営業スキルも、「守破離」の段階を意識する

さらに、金沢と言えば「ピンク」というキャラ付けにもなる。

保険に関する資料をお送りするときに、ピンクのワンポイントのある便箋を使えば、

それだけで、お客様は「あいつは、ほんとにピンクが好きだなぁ」と楽しい気持ちになっていただけるでしょう。「ピンク」というキャラ付けをしているおかげで、単なる書類のやりとりに終わらないコミュニケーションもできるのです。

これなんかも、僕が自分の頭で考えた工夫です。

このように、僕は、**営業にかかわるありとあらゆることに、自分なりの工夫を加えてきました。**しかし、最初から〝自分流〟を追求したわけではありません。あくまでも、最初は「型」を徹底的に練習し、「結果を出している人」を徹底的にマネするところから始めたのです。

いわば、「守破離《しゅはり》」です。

「守破離」とは、剣道や茶道などで使われる言葉で、修行の段階を言い表しているものです。「守」は、流派の「型」を忠実に守る段階。「破」は、他の流派の「型」も学んで技術を発展させる段階。そして、「離」は、独自の「型」を生み出して確立していく段階です。

この考え方は、非常に的を射ていると思います。

営業においても、まずは「守」を徹底的に極めるところからスタートするのが正しいのです。

第2章 見えない「資産」を積み上げる

8 「売ろう」とするから拒絶される

営業マンになって早々に直面した「カベ」とは？

アプローチするお客様の「母数」を最大化する――。

この方針のもと、僕は、プルデンシャル生命保険に入った直後から、全力で走り続けました。当時、僕なりに設定していたKPIは、週に3件の契約をお預かりすること。〝保険屋〟と否定されたり、無残に断られたり、辛いことも多かったですが、このKPIを達成することを目標に、平日は寝袋で会社に寝泊まりしながら、歯を食いしばって頑張り続けました。

その成果はすぐに現れました。入社2～3ヶ月後には、新人営業マンとしては「十分に合格」と評価される成績を収めることに成功。当時の直属のマネジャーは、僕をプルデンシャル生命保険にスカウトした京大アメフト部の同級生でしたから、彼の顔に泥を塗るような成績ではカッコが悪い……。そんな思いもありましたから、ひとまずハードルをクリアしたことでホッと胸を撫で下ろしたものです。

ただ、実は、この頃からすでに不穏な兆候を感じていました。保険営業は、親類や知人にアプローチすることから始めるのが通例で、僕もそこからスタートしたのですが、〝義理〟で保険に入ってくれる人がいる一方で、「保険を売ろう」とする僕に反発する人も多く、知人との人間関係が深く傷つくようなケースが増えていったのです。

TBSの同期から、「どうして、あなたは同期に保険を売りつけようとするの？」となじられたこともありますし、ある人物から、僕の営業を批判する恐ろしく長いメールをもらったこともありました。

そのたびに心が傷つき、孤立していく感覚を覚えていました。

だけど、僕は、そうした現実にちゃんと向き合うことを避けていました。

というか、向き合うわけにはいかなかった。僕はフルコミッションの〝保険屋〟ですから、保険を売らなければ報酬ゼロ。とにかく保険を売らなければ、家族を養っていくことができないからです。

だから、知人から厳しい指摘をされても、「ドンマイ、気にするな。俺は保険を売ろうとしているだけで、何も悪いことはしてへん。誰に何を言われようとも、頑張るしかないんや」と自分に言い聞かせるしかなかったのです。

追い詰められてやってしまった営業マンとして「最低」のこと

しかし、入社して半年が過ぎた頃、いよいよ「限界」が見えてきました。

当初は、知人のよしみで保険に入ってくれた人たちのおかげで「成績」が上がっていましたが、そんな彼らも、僕に知人を紹介してくれることはほとんどありませんでした。その結果、新規営業をするために連絡をする「見込み客のリスト」が尽きてきたのです。


新規営業先の枯渇《こかつ》は、営業マンにとって「死」を意味します。

「このままいったら、終わる……」。仕事中は気が紛れましたが、一日の仕事が終わって、誰もいないオフィスで寝袋にくるまって眠ろうとすると、そんなヒリヒリするような不安に苛《さいな》まれました。**人間関係が傷つき、孤立感が深まる〝どん底〟の状況のなか、僕はただただ焦るばかりでした。**


そんな中、僕にとって決定的なことが起きました。

その週、僕は契約を2件しかお預かりすることができずに日曜日を迎えていました。

「なんとか目標を達成しなければ……」と焦っていた僕は、TBS時代の後輩に連絡をしました。保険に入ってもらおうと思ったのです。

彼は、日曜日の夕方にもかかわらず、僕と喫茶店で会ってくれました。

そして、このとき僕は、「最低」のことをしてしまいました。

あろうことか、先輩と後輩の関係性を背景に、強引に契約に持ち込もうとしたのです。「契約するまで帰さない」と口にこそ出しませんでしたが、全身でプレッシャーをかけていました。思い出すと、今も、彼に申し訳なく、情けなくて、心が苦しくなります。

しかし、このときの僕は「自分のこと」しか考えていませんでした。彼がしぶしぶサインした契約書を手にして、「これでなんとか目標をクリアできた！」と胸を撫で下ろしていたのです。

その報いは、すぐに訪れました。

翌日、僕はマネジャーに呼び出され、後輩が会社にクーリングオフを申し入れてきたことを伝えられました。愕然としました。マネジャーは多くを語りませんでしたが、

「ライフプランナーとして、あってはならないことだ」と静かな口調で言いました。

もちろん、それもショックでした。

しかし、それ以上にショックだったのは、謝罪をするために後輩に電話をすると、すでに「着信拒否」されていたことです。何度かけても、二度と電話には出てくれませんでした。

彼は、「自分のこと」しか考えない僕を、人間として拒絶したということです。拒絶されるだけのことをしたという自覚があっただけに、これは堪えました。打ちのめされるような思いでした。

直面する問題は、自分の心の問題を映し出している

そんなときに、偶然、目に止まったのが野口嘉則さんの『鏡の法則』（サンマーク出版）という本でした。

駅のホームのベンチで呆然としながら、スマホでフェイスブックのタイムラインをスクロールしていたときに、知人が『鏡の法則』の感想をアップしていたのを読んで、「自分に必要な本」だと直感。すぐに電子書籍を購入して、駅のベンチで夢中で読み耽《ふけ》りました。

この本の主人公は小学生の息子を持つお母さんです。

息子が友達にいじめられているのではないかと心配で、その問題を解決するために心理カウンセラーと出会います。

しかし、カウンセラーとコミュニケーションを重ねるうちに、実は、問題を抱えていたのは主人公自身であったことに気付かされていきます。高校時代から疎遠になっていた父親、心のなかで軽んじていた夫との関係性にこそ、問題の根源があることがわかってくるのです。

そして、父親と夫に謝罪と感謝の気持ちを伝えることで、お母さんが置かれている状況そのものが変わっていく。その心理的なプロセスが、感動的に描写された物語を読みながら、僕は思わず涙をこぼしていました。

そして、これは僕自身の問題でもあると感じました。

この本には、「鏡の法則」とは、**「私たちの人生の現実は、私たちの心の中を映し出す鏡であるという法則」**のことだと記されています。

つまり、そのとき僕が突きつけられていた厳しい現実――後輩に拒絶され、多くの知人との関係性が傷つき、営業マンとしても行き詰まりつつあったこと――は、僕の心の中を映し出しているということです。

「売ろう」とするから、営業マンとして追い詰められる

俺は何を間違えてるんやろ?

そう問いかけるまでもなく、「答え」はほとんど明らかでした。

後輩がクーリングオフしたのは、僕が強引に契約に持ち込もうとしたからです。TBSの同期が「どうして、あなたは同期に保険を売りつけようとするの?」となじっ

たのも、僕の営業を批判する恐ろしく長いメールも、すべて同じこと。僕が、相手の都合も考えずに、自分の「保険を売りたい」という願望を押し付けていることに原因があるのは明らかでした。「売ろう」とするから拒絶されているのです。

そして、僕に対する〝義理〟で契約してくれた人が、その知人を紹介してくれない理由も明らかでした。僕のように自分勝手な営業マンを紹介することで、その人との関係を傷つけるようなリスクは取りたくないからに決まっています。僕は、自分で自分の首を締めていたわけです。

だけど、この「答え」を受け入れるのには勇気が必要でした。

なぜなら、僕は〝保険屋〟であり、売上を上げなければ家族を養うことができないからです。

売ろうとせずに、どうやって売るねん？

多少強引でも売るしかないいやん？

だからこそ、僕は、それまで知人になじられても、営業手法を批判されても、「ドンマイ、気にするな。頑張って、売るしかないんや」と自分に言い聞かせてきたのです。そんな僕にとって、それまでの自分を否定することは、そう簡単なことではありませんでした。

9 「原因は我にあり」と考える

アメフトの名将は、なぜ、徹底的に厳しく指導したのか？

後輩に突きつけられたクーリングオフ――。

プルデンシャル生命保険に入社して半年後に起こしてしまったこの事件によって、僕は精神的に追い詰められていました。

原因は明白でした。僕が、週3件の契約を預かるというKPIを達成するために、後輩に対してなかば強引に契約を迫ったことにありました。しかも、それは、その後輩との間にだけ起こった問題ではありませんでした。

TBSの同期に「あなたは、どうして同期に保険を売りつけようとするの？」などじられたほか、何人もの知人から僕の営業手法は非難されていました。そして、だからこそ、新規の営業先を紹介してもらうこともできず、僕は営業マンとして行き詰まりつつあったのです。

だけど、この現実を受け入れるのには心理的な抵抗がありました。

一生懸命「売ろう」と頑張っていた自分を否定することにほかなりませんし、そもそも、「売ろう」とせずに、どうやって営業をすればいいのか皆目わからなかったからです。

だからこそ、僕は、これまで自分の営業手法を批判されても、「ドンマイ、気にするな。頑張って、売るしかないんや」と自分に言い聞かせてきたのです。しかし、**今までと同じ営業スタイルを続けていたら、営業マンとして「終わり」になるのも明らか……**。「俺は一体、どうしたらええんや?」と呆然とするばかりでした。

そんなときに思い出したのが、京大アメフト部の水野弥一監督でした。監督だったら、僕にどんな言葉をかけるだろうかと考えたのです。

水野監督は、「日本一になる」という目的に対してはとても厳しい人物で、選手を褒めるということをほとんどしませんでした。当時は、正直なところ「厳しすぎるやろ……」と思いましたが、あとで考えればそれは当然のことでした。

なぜなら、京大アメフト部の選手は受験勉強に励んできたわけですから、エリート選手を集めているライバル校のほうが明らかに強くて上手かったからです。それでも「日本一」を目指すには、徹底的に厳しく指導するほかありません。だからこそ、選手に優しく接して甘やかすことなど一切なかったのです。

僕の場合には、ご指導を受けた4年間で最高に褒められた言葉が「悪くないな」という一言だけ。それどころか、目立つタイプだったからか、僕は「叱られ役」のような存在で、しょっちゅう叱り飛ばされていました。

そして、試合でも練習でも、「失敗」などしようものなら、「なぜ、失敗したのか？」「なぜ、そんなプレイをしたのか？」と徹底的に問い詰められました。まさに半端ない厳しさだったのです。

トラウマとなった痛恨の「失敗」

今でも、時々、夢にまで見るプレイがあります。

僕が4年生の時の試合でした。その試合の大事な局面で、一瞬、僕のなかに迷いが生じて、コーチから指示のあった「プレイコール」とは異なるプレイをしてしまったことがあるのです。

本当は、その局面で、僕はボールをパスしなければならなかったのですが、もともとパスに苦手意識のあった僕は、失敗を恐れてほとんど反射的にパスとは異なる自分の得意なランプレイをしてしまったのです。それを監督は見逃しませんでした。即座に、僕をベンチに下げたのです。

もちろん、監督に「ドンマイ」などという言葉などかけられるはずがありません。僕のことなど眼中にないかのように、不機嫌そうな表情で戦況を凝視されていました。そして、試合後に延々と質問攻めにされました。

「なぜ、パスをしなかったのか？」「失敗を恐れて逃げたのか？」「チームが勝つためのプレイではなく、自分のやりたいプレイを優先するようなヤツはいらない」などと一切の容赦もなく詰められたのです。

もちろん、すべて監督の言うとおりですから、反論の余地はありません。まるでサンドバック。精神的にボコボコにされました。

当時は、「そこまで言わんでもええやろ」という反発心もありました。監督の言うことは正しいが、ここまで選手を追い詰めなくてもいいじゃないか、と。

でも、**その反発心は、僕のなかにある「甘え」にすぎませんでした。**僕が本当に「日本一になりたい」と思っているならば、監督に言われるまでもなく、自分の「失敗」にまっすぐ向き合っているはずなのです。そもそも、その思いがあるのならば、苦手意識を克服するために、もっと厳しいパス練習を自分に課していなければおかしいのです。

「ドンマイ」などという言葉で、失敗をごまかしてはならない

このプレイは、僕にとっては「トラウマ」のようなものでした。

30歳を過ぎても夢で見てうなされるほどの「心の傷」だったのです。

もしも、水野監督が〝優しい監督〟で、失敗をした僕に「ドンマイ。次は頑張れよ」などと声をかけていたら、僕の中で「心の傷」になることはなかったかもしれません。監督が徹底的に僕を問い詰めたからこそ、その後、何年も僕のなかでひっかかり続ける「問題」として刻み込まれたのです。

しかし、**この「心の傷」が、僕の人生を変えました。**

なぜなら、アメフト時代の「心の傷」を克服しないまま、ずるずると生きていくのは「もうイヤだ」と思ったからこそ、僕は営業マンを志したからです。「アメフトでは大学日本一から逃げた自分」に対する後悔や後ろめたさを乗り越えるために、日本一

の営業会社であるプルデンシャル生命保険で「日本一になって自分を取り戻してやる」と心に決めたのです。その意味で、僕は、水野監督の「厳しさ」ともう一度向き合って、それを乗り越えるために営業マンになったとも言えるわけです。

そして、クーリングオフという失敗を犯した僕に対して、水野監督は何と言うだろうかと考えました。

わかりきったことです。めちゃくちゃに厳しい言葉を投げかけて、徹底的に失敗の真因と向き合わせようとしたに決まっています。

いや、それまで何度も営業手法を批判されてきたのに、「ドンマイ、気にするな。頑張って、売るしかないんや」などと自分に言い聞かせて、取りつくろってきた僕を、絶対に許そうとはしなかったに違いありません。

アメフト部時代は、その厳しさが過酷すぎるように思えましたが、そこにこそ監督の「親心」があったのだと思います。

監督は、「失敗」した選手に対して、「ドンマイ」などという言葉を絶対に使いませんでした。そんな〝気休め〟を口にしても、選手のためにならないと考えておられたのだと思います。

それよりも、**「失敗」から目をそらすのではなく、「失敗」の真因を徹底的に突き止めて、それを克服するために全力をかけることで、スキルが磨かれるだけではなく、人間としての「成長」がある**のだということを、僕たちに叩き込もうとされたのだと思うのです。

「原因は我にあり」と考えるのが、成長する出発点である

ここまで考えて、ようやく僕は兜《かぶと》を脱ぎました。

「〝保険屋〟が保険を売ろうとするのが、なんで悪いねん」と抗《あらが》うのをやめて、「俺が間違っていた」と認めようと、素直な気持ちで思えたのです。

そして、『鏡の法則』で説いていることと、水野監督の教えが、実は同じであると思いました。『鏡の法則』は優しく、水野監督は厳しいという違いはありますが、言

わんとすることは全く同じことだと気づいたのです。

『鏡の法則』には、「私たちの人生の現実は、私たちの心の中を映し出す鏡であるという法則」のことだと記されています。

つまり、そのとき僕が突きつけられていた厳しい現実――後輩に拒絶され、多くの知人との関係性が傷つき、営業マンとしても行き詰まりつつあったこと――は、僕の心の中を映し出しているということです。一言で言えば、「原因は我にあり」ということでしょう。

一方、水野監督は、徹底的に「なぜ、失敗したのか?」と僕を問い詰めました。それは僕を責めるためではなく、僕が同じ失敗を繰り返さないために、自分の中にある「失敗の原因」と向き合わせるためでした。

失敗したことを、環境のせいにしても、他人のせいにしても、成長することはできない。**「原因は我にあり」と考えることが、成長の第一歩だ**ということを叩き込もうとされたのだと思うのです。

原因は我にあり――。

そう考えるのは、正直キツいものです。

人間は「自分の非」を認めることに抵抗を感じる生き物ですし、「自分を変える」のもしんどいことです。僕もそうでした。

だけど、あのとき僕は、何人もの知人から拒絶される「孤立感」に苛まれていたうえに、新規顧客を紹介してもらえないために営業マンとしても「限界」が見え始めていました。だから、「原因は我にあり」と認めて、**「自分を変えるしか、生きる道がない」**と腹をくくるほかなかったのです。

そして、それは、たいへんありがたいことだったと、今は心の底から思います。

僕が「売ろう、売ろう」としたために不快をおかけしてしまった方々には、今も申し訳ない気持ちでいっぱいですが、その気持ちを率直に僕に伝えてくださったことに感謝の気持ちももっています。

なぜなら、だからこそ、僕は大事なことに気づかせてもらうことができて、その後、営業という仕事の「本質」に近づいていくことができたからです。もちろん、何度も失敗をしたり、追い詰められたりもしましたが、その度に「原因は我にあり」と考えることで、自分の成長へと結びつけていくことができたと思うのです。

10 「言葉」を変えれば、「心」が変わる

自分がされて「嫌なこと」をして、営業がうまくいくわけがない

原因は我にあり――。

後輩にクーリングオフをされるほか、知人からの批判にさらされていた僕は、その原因が自分にあると認めざるを得ませんでした。

そして、その原因は明らかでした。相手の都合も考えずに、自分の「保険を売りたい」という願望を押し付けていたから、そのような状況に陥ってしまったのです。要するに、「売ろう」とするから拒絶されていたということです。

これは、当たり前のことです。

僕自身、何かの商品を売りつけようとする営業マンがいれば、当然のように邪険に対応していました。

金融商品などの電話営業がかかってくれば居留守は使うし、運悪く電話に出てしまったときには、「いりません」の一言で切ります。買い物をするためにお店に入って、店員さんに声をかけられるのすら「面倒臭いなぁ」と思う……。僕自身が「お客様」だったときは、そういう対応をしていたのです。

しかし、自分が営業マンになった途端に、お客様の気持ちがわからなくなる。「売上を上げなければ、生きていけない」という考えに囚われて、自分がそれまで営業マンに対して感じていた気持ちや、行ってきた振る舞いをすっかり忘れて、「売ろう、売ろう」と押し付けがましい営業をやってしまっていた。**自分がされて嫌なことばかりやっていた**わけです。

それで、大事な人たちとの人間関係を傷つけ、自らを苦しめていたのですから、なんという愚かなことをしていたんだろうと認めるほかありませんでした。

営業マンは「臆病」でなければならない

そして、これが営業マンとして行き詰まる原因でもありました。

振り返ってみれば、僕の歩いたあとは〝焼け野原〟になっていました。

当時は、知人を中心に営業をしていましたから、〝義理〟で保険に入ってくれる人はいました。だからこそ、僕は、入社してしばらくは、それなりの成績を収めることができたわけです。

ところが、〝義理〟で保険に入ってくれた知人も、「売ろう、売ろう」とばかりする僕に、誰かを紹介してくれることはほとんどありませんでした。これも、当たり前のことで、僕自身、自分に対して嫌なことをする人に、自分の大切な人を紹介しようとするはずがありません。その結果、営業すればするほど、新規営業先が減っていくことになります。つまり、〝焼け野原〟になっていたというわけです。

要するに、自分がやられて嫌なことを、相手に対してしていることが、僕の失敗の本質だったということです。

「そんなの当たり前のことじゃないか」と一笑に付す人もいるかもしれません。たしかに、「自分がされて嫌なことをしてはいけません」などということは、幼稚園や保育園で教わるようなことですから、そのように感じる人がいるのも当然のことかもしれません。

だけど、この問題をあまり軽く考えないほうがいいと思います。

なぜなら、当時の僕だって、「自分がされて嫌なことをしてはいけない」くらいのことは考えていたつもりだったからです。ところが、営業マンとして「目先の売上」を上げることは死活問題で、そのために必死になればなるほど、自分ではそのつもりはなくても「自分がされて嫌なこと」をしてしまうものなのです。

自分が「営業を受ける立場」にいるときには、「営業マンの身勝手」がよく見えますが、自分が「営業をする立場」に立つと、途端に自分が実際に「やらかしているこ

と」が見えなくなる。それどころか、「俺は営業マンとして、やるべきことをやっているのだ」と自己正当化すらしてしまう。それが、人間というものだと思うのです。

だから、「自分がされて嫌なことを人にしない」ということを、「当たり前」と軽く考えるのは危険なことだと僕は思っています。

むしろ、「自分は放っておけば、自己本位なことをしてしまう人間だ」という自己認識をもって、常に、自分の言動を振り返ることを強く意識しておくくらいでちょうどいい。そういうある種の〝臆病さ〟は、営業マンにとっての美学だと思うのです。

お客様が見ているのは、営業マンの「無意識」的な言動である

そして、僕は考え方を抜本的に変えなければならないと思いました。

僕は「生命保険の営業マン」ですから、「生命保険を売る」のが仕事です。〝保険屋〟として存在価値を出すには、「売上」を上げる以外にない。フルコミッションで

すから、「売上」を出せなければ、家族を路頭に迷わせることにもなります。

しかも、僕は、「日本一の営業会社で日本一」の成績を打ち立てようという野心もありました。これは、京大アメフト部時代の「心の傷」を克服するために、僕にとってどうしても成し遂げなければならないことでした。だから、このモチベーションを捨てることもできません。


ただし、これは僕の都合でしかありません。

僕は、自分のために「売上」が必要だから、お客様に保険を「売ろう」としていました。つまり、徹頭徹尾〝For me〟だったということ。もっと厳しく言ってしまえば、**僕は、自分の目的を達成するために、お客様を「道具」として利用しようとしていた**わけです。


そんなことをされて喜ぶお客様がいるわけがありません。

それが、最もマズい形で現れたのは、後輩になかば強引に契約を迫って、クーリングオフされたときですが、それ以外のときも、僕はずっとそういう思考法で営業をしていたということなのでしょう。

もちろん、僕自身はそんなつもりで営業をしていたわけではありませんし、プルデンシャル生命保険の研修で学んだ営業スキルも、それとは真逆の「思想」に基づいて構築されたものでした。

だけど、**相手に伝わるのは、僕が意識していることではなく、僕が無意識で行っていること**です。

かつて、ある人物から〝面白い表現〟を聞いたことがあります。

「腹の出た男は、人前では腹を引っ込めているけど、周りの人が見ているのは、その男の気が緩んでいるときのだらしない腹なんだ」

まさに、それです。僕は、口では〝For you〟と言いながら、心の底では〝For me〟と思っている。これを認めるところから、もう一回、営業という仕事にまっすぐ向き合うしかないと思ったのです。

お客様に認められるために、日頃の「言葉遣い」を改める

そして、まず言葉遣いから改めることにしました。

日々使っている言葉が、僕の本音を表しているはずだからです。あるいは、日々使っている言葉に、僕の無意識が影響されてしまうということもあるかもしれない。心が言葉に表れ、言葉が心を作る。言葉を大切にすることが、〝For me〟に支配されている僕の心を変えてくれると考えたのです。

例えば、営業マンは「契約を獲得する」という言い方をよくします。

なかには、「仕込んでいる見込み客を刈り取る」などという言い方をすることもあると思います。僕も、営業マンになった当初は、深く考えることなく、そんな言葉遣いをしていました。

しかし、これは〝Ｆｏｒ ｍｅ〟を象徴する典型的な言葉遣いです。なぜなら、そもそも「契約」とはお客様のものだからです。お客様が、ご自分の人生や大事な人を守るために交わすのが「保険契約」なのです。

にもかかわらず、「契約を獲得する」などと言うのは、まるでお客様から「奪い取る」かのようなニュアンスがあって、明らかにおかしな言葉遣いです。

ましてや「刈り取る」などという表現は論外。そんな言葉を違和感なく使っている営業マンが、お客様の前ではマニュアル通りの「綺麗な言葉」を使ったところで、お客様からは「馬脚」は丸見えです。

だから、僕は、このとき以来、いついかなるときでも、「お客様から契約をお預かりする」という表現をすることを徹底してきました。

あくまで、**「契約」はお客様のものです。それをお預かりするのが営業マンの仕事**なんだと、僕はずっと自分に言い聞かせてきました。そして、少しずつ〝Ｆｏｒ ｍｅ〟の思考法から離れることができるようになったと思っています。

「言葉」を変えれば、「心」が変わります。

そして、「心」を〝For me〟から遠ざけることが、営業マンの成長を力強く後押ししてくれるのです。

11 営業とは「資産」を積み上げることである

「怖い」と思う一線を越えると、一気に世界が変わる

「売ろう」とするから売れない――。

クーリングオフという〝痛い経験〟から、僕はこのことに気づくことができました。

もちろん、営業マンの仕事は「売る」ことですが、それはこちらの都合であって、お客様には何の関係もないことです。にもかかわらず、「売ろう、売ろう」とすれば、お客様から敬遠され、不信感を持たれるだけ。〝For me〟の姿勢でいる限り、営業マンは「結果」を出すことはできないのです。

しかし、人間はそう簡単に変われるものではありません。

お客様が「最高の選択」をするのをサポートするのが営業マンの仕事だと、いくら自分に言い聞かせても、「売りたい」という〝For me〟の思考が出てきてしまう。しかも、僕はフルコミッションの保険営業でしたから、少しでも自分のコミッションの大きな商品を勧めたくなる。その欲望を克服するのは、そんなに簡単なことではありませんでした。

いや、**「売ろうとしない」ことが怖かった**のかもしれません。

営業マンの仕事は「売る」ことなのに、「売ろうとしない」でいいのか？　それで結果が出なかったら、どうするんだ？　そんな不安が募り、怖くなってくるのです。

だけど、あるとき僕は思い切って、その一線を踏み越えてみました。そして、それが、僕を根本的に変えてくれる大きなきっかけを与えてくれたのです。

プロフェッショナルが陥りがちな危険な「落とし穴」とは?

あれは、クーリングオフで深い挫折を味わってから、1~2ヶ月くらい経ったころのことです。

当時、僕の成績は〝ジリ貧〟傾向にありました。新たにアプローチできるお客様の数が減ってきていたうえに、クーリングオフで自信喪失していたため堂々とした商談もできていなかったのでしょう。「このままいったら、終わる」と、ジリジリとした焦りを感じていた時期でした。

そんな状況のなか、あるお客様と会っていただいたときのことです。

お話を伺うと、その方は、すでに他社の生命保険に加入されていることがわかりました。正直、がっかりしましたが、まだ諦めるわけにはいきません。他社と交わした保険契約の内容がよくないものであれば、もっとよい保険をご提案することができるからです。

しかし、ご説明いただいた保険契約は、その方にとって過不足のない、非常によくできたものでした。その方の説明を聞きながら、喉から手が出るほどほしい「売上」が、どんどん遠ざかっていくのを感じていました。


そして、僕のなかには、ある欲求が生まれていました。

僕は保険や金融のプロフェッショナルです。あれこれ理由をつければ、自社商品に切り替えてもらうチャンスを生み出すこともできます。お客様は金融知識に乏しいため、どうにか言いくるめることは可能なのです。

実際、その方の説明を聞き終わったときには、こういうロジックで話せば〝逆転〟できるかもしれないというイメージが湧き上がっていました。その言葉は、すでに喉元まできていました。もうあとひと押しすれば、僕はペラペラとしゃべり始めていたはずです。


でも、それを制止する自分もいてくれました。

その自分は、僕にこう語りかけてくれました。

「これ、誰の保険？」

〝For me〟の気持ちを吹っ切れる瞬間がある

答えは決まっています。

この保険は、僕の保険ではなく、目の前のお客様の保険です。だったら、余計なことをしたらアカンやろ？「お客様にとってよいことをする」のがお前の仕事やろ？そら、「売上」は欲しいけど、無理矢理「売ろう」としたって、嫌われるだけやで……。

ほんの数秒だと思いますが、そんな自問自答をしていると、自分のなかの葛藤がスッと消えて、腹が決まったような感覚がありました。そして、〝妙な間〟に、ちょっと怪訝《けげん》そうな表情を浮かべているお客様に向かって、自然な感じでこう言うことができたのです。

「その保険、すごくよいと思います。いい保険に入られていますね」

一瞬、胸に痛みが走りました。

これで、「売上」がなくなったことが確定したからです。

しかし、「ほんとですか？　プロにそう言ってもらえると、ものすごく安心できますね」と喜ぶお客様の顔を見ると、こっちも嬉しくなりました。

なんか「いいこと」をしたような気がしましたし、自分のなかで、「吹っ切れる」ような感覚があったのもよかった。「いい保険に入られていますね」と口に出して言ったことで、「もう俺は、無理矢理売ろうとはしない」と吹っ切れたような気がしたのです。〝For me〟の気持ちを手放すことができたようで、実に清々《すがすが》しい気持ちでした。

そのお客様はとてもいい方で、「でも、なんか申し訳ないですね。金沢さんは保険の営業マンだから、ご自分の商品を売りたいはずなのに……」と気遣ってくださいました。それに対しても、僕は本心からこう応えることができました。

「いえいえ、〝売る〟ことだけが僕の仕事じゃないですから。お目にかかった方が、その人に最適な保険に入っていらっしゃることが、僕にとっていちばん嬉しいことなんです」

それまでも、自分の中では「保険はお客様のもの」「売ろう、売ろうとするのではなく、お客様にとってよいことをしよう」と言い聞かせていましたが、本心からそう思えているとは言えませんでした。だけど、それを実際の営業の場で実行してみたら、一気にそれが「本物」になったような感覚を覚えました。

「目先の売上」を追うのではなく、「信頼という資産」を積み上げる

しかも、話はこれで終わりませんでした。

それから、しばらく経ってから、そのお客様からこんな連絡をいただいたのです。

「こないだはありがとうございました。なんか、金沢さんに申し訳ないと思って、保険に入ることを検討している知人がいないかなとアンテナを張ってたんですよ。そしたらね、いたんですよ。ちょっと会ってやってくれませんかね?」

これは、嬉しかった。

〝For me〟の営業ばかりしていたために、僕の歩いたところは〝焼け野原〟になっていましたが、ついに自発的に新規のお客様をご紹介しようというお客様が現れたのです。新たにアプローチするお客様がどんどん少なくなっていくことに危機感を募らせていた僕の前に、まだ微かではありましたが、明るい光が差したような気がしました。

この経験が、僕の営業マンとしての「原点」になったように思います。

なぜなら、このときはじめて、「目先の売上」を追いかけるのではなく、僕のことを信頼してくださるお客様を増やすことが大事だということが腹に落ちたからです。

そのときは契約をお預かりできなくても、僕のことを「人間」として信頼してくださるような関係性を築くことができれば、そこから「新たな可能性」が拓けていくことがある。そのことを体験できたのは、僕にとって非常に大きなことでした。

そして、自分なりに営業という仕事のイメージが見えてきたように思いました。

というか、自分の勘違いに気づくことができました。僕は、とにかくアプローチするお客様の「母数」を増やすことが大事だと考えていました。これは、決して間違いではありません。しかし、**最も重要なのは、「僕という人間」を信頼してくださるお客様の「母数」をコツコツと増やしていくこと**だったのです。

そのときはご契約いただけなかったとしても、「保険に入るなら、金沢から入ろう」と思っていただければ、その方が「保険に入ろう」と思われたときには、真っ先に僕に連絡をしてくださるはずです。あるいは、その方の親族や知人に保険が必要な方がいたら、僕を紹介しようと考えてくださるに違いありません。

もちろん、保険に入ってくださるのは、1年後かもしれないし、5年後かもしれないし、10年後かもしれません。もしかしたら、ずっと入ってくださらないかもしれません。だけど、それでいいのです。とにかく、「僕という人間」を信頼してくださる方々の「母数」を増やすことが大切なのです。

なぜなら、営業は「確率論」だからです。**「僕という人間」を信頼してくださる方の「母数」が増えれば、必ず、僕に「保険に入りたい」と連絡をくださる件数は増え、成約件数も増えていく**のです。

このときの経験によって、僕は、そんなイメージをもつことができました。

そして、その後、営業経験を重ねることで、このイメージが「絶対的な正解」であることを実証することができました。営業マンとして成功するためには、「目先の売上」を追いかけてはいけません。それをすればするほど、営業マンは追い詰められるだけ。そうではなく、「信頼という資産」をコツコツと蓄積していくことが重要。その「資産」があれば、必ず「道」は拓けていくのです。

12 「なりたい」ではなく、「なる」と決める

「高い目標」をもつのではなく、「○○になる」と決めることが大事

高い目標を設定せよ――。

世間でよく言われることですが、僕も、これは「よい仕事」をするうえでは欠かせないことだと思います。

僕も入社1年目で、プルデンシャル生命保険の個人保険部門において「日本一」になることができましたが、それは、「日本一」になることを目標に頑張ったからです。

富士山に登ろうとしなくて、富士山に登った人はいないと言いますが、「日本一」になろうとせずに、「日本一」になれるほど、保険営業の世界は甘くはありません。

ただし、「高い目標」という言葉には注意が必要です。

目標という言葉を辞書で調べると、「そこに行き着くように、またそこから外れないように目印とするもの」と書いてあります。例えば、「あの島を目標にして東へ進もう」というふうに使います。つまり、厳密に言えば、「東へ進む」ことが目的で、その目印として「島」を目標にするということです。

これを営業の仕事に当てはめると、「日本一になることを目標にして好成績を出そう」という感じの使い方をすることが多いのではないでしょうか？　つまり、目的はあくまで「好成績を出す」ことであって、その目印として「日本一」を目標にするということ。ぶっちゃけて言えば、本気で「日本一」をめざしているわけではないということになります。

しかし、僕は、それでは「日本一」にはなれないと思います。

それを、僕は京大アメフト部時代に嫌というほど思い知らされました。繰り返すようですが、あの頃、僕は口では「日本一になるぞ」と言っていましたが、本気ではありませんでした。

今から思えば、心のどこかで、ライバル校に勝てないと思っていたし、練習に監督が来ない日には、「手を抜いても大丈夫かな」と思ったりしていました。そして、めちゃくちゃ過酷な練習だったので、「もう早く引退したいな」と思っている自分がいたのです。

結局、僕は「日本一」になることはできなかったのですが、それは正確に言えば、「なれなかった」のではなく、そもそも本気ではなかったというだけのこと。そして、本気でないものが「日本一」になれるほど、アメフトというスポーツが甘いはずもない。つまり、僕は、しかるべくして「日本一」にはなれなかったのです。

だから、僕は「高い目標」をもつだけではダメだと思っています。

「日本一になることを目標にして好成績を出そう」という程度の意識では、そこそこの成果しか生み出すことはできません。そうではなく、「日本一になる」と本気で思い込むことが大事なのです。**「高い目標」などという言葉を通り越して、「日本一になる」と決めてしまう**のです。そして、実は、これこそが仕事において、最も難易度の高いことではないかと思うのです。

心を決めようとしても、そう簡単に心は決まらない

実際、僕がプルデンシャル生命保険で「日本一になる」と心が決まるまでには、相当の時間が必要でした。

もちろん、僕がプルデンシャル生命保険の営業マンになったのは、「日本一の営業会社で日本一になる」ことで、京大アメフト部時代に「本気」になれなかった自分を取り戻すためでしたから、「日本一になる」と僕は何度も何度も自分に言い聞かせていましたし、知人に対して「俺は、プルデンシャルで日本一になる」と宣言したこともありました。

だけど、それだけで「本気で思い込める」ほど人間は簡単ではありません。

「日本一になる」と口に出して言ってみても、心の底の底では「難しいで……」「無

理ちゃうか……」という声が聞こえていたのです。

しかも、入社してすぐの頃はそれなりの成績を出せたものの、入社半年ほどでクーリングオフという挫折を味わったうえに、成績は〝ジリ貧〟に陥っていました。

唯一の明るい材料は、「売ろう」とするのではなく、お客様の「信頼」を勝ち得ることで、新規のお客様をご紹介いただけたということ。とはいえ、「目先の売上」を追いかける営業スタイルから、「信頼という資産」を蓄積する営業スタイルへと切り替えることに成功できたとしても、それで実際に成績が出始めるまでには一定の時間が必要です。

そんな状態でしたから、当時の僕には、「本当に状況は好転するだろうか？」という不安のほうが大きかった。本当のことを言えば、不安で不安で吐き気がするような毎日でした。とてもではありませんが、本気で「日本一になる」などと思えるような状況ではなかったのです。

「天啓が降る」ように心は決まる

ところが、そんな僕に、「日本一になる」と心が決まる瞬間が訪れます。決して、自分の意思で心を決めたわけではありません。僕は、ずっと「日本一になるぞ、日本一になるぞ」と自分に暗示をかけるように言い聞かせていましたが、なかなか気持ちは固まらなかったのに、とても不思議なことですが、**ある瞬間に、まるで「天啓が降った」かのように心が決まった**のです。

あれは、クーリングオフがあってから3ヶ月ほど経った頃のことです。

8月7日に長男の榮己《はるちか》が産まれたこともあって、僕は1週間の休暇をもらって、家族を連れて軽井沢に旅行に行くことにしました。

入社一年目の新人が、たいした成果も出していないのに、1週間も休暇をとるのは〝非常識〟なことだという自覚はありましたが、仕事からちょっと離れることで、気持ちを整理することができると考えて、思い切って休暇を取りました（本当は逃げたかったのかもしれませんが……）。

ところが、家族水入らずの旅行を心から楽しむことはできませんでした。

僕はフルコミッションの営業マンですから、1週間仕事をしないということは、将来入ってくるお金は「ゼロ」ということです。それを思うとヒリヒリするような焦りを感じました。

仕事がうまくいっていないうえに、今もこうして休んでいるという事実が、僕の心の中の不安をさらに増長していったのです。家族で遊んでいても、心ここにあらず。むしろ、楽しそうにしている家族の笑顔に、心が押しつぶされるような感覚を覚えていました。

特に、妻に対しては「特別な思い」がありました。

というのは、彼女は、プルデンシャル生命保険への転職に一切反対せず、それどころかドンと僕の背中を押してくれたからです。

普通、夫が恵まれた職場であるＴＢＳを辞めて、フルコミッションの営業マンになると言ったら、〝嫁ブロック〟を発動するはずです。だけど、恐る恐る「転職したいんや」と言うと、彼女は「ああそう」としか応えませんでした。僕が重ねて「いいの？」と聞いたら、「だって、もう決めてるんでしょ？」と静かに言いました。

ただし、条件があると言います。二人目の子どもをつくるのが条件だ、と。僕はびっくりして、「それはリスクやぞ。固定給ないんやし……」と言うと、彼女はこう言いました。「覚悟決まるやん」。これには、正直しびれました。いわば、僕は、妻に腹をくくらされたわけです。

自分を「客観視」すると、見えてくるものがある

そして、「二人目」の子どもが産まれ、いま家族で軽井沢に遊びにきている……。産まれたばかりの赤ちゃんはもちろん、無邪気にはしゃいでいる幼い長女も、僕が守ってやらなければならない。そして、僕が苦境に陥っていることを感じ取っている

のかいないのかわかりませんでしたが、いつも通り明るく家族の世話をしてくれている妻を見ていると、なんとも言えない気持ちになりました。

彼女だって、僕が不安定な職業に転職するのが不安だったはずです。

その不安を飲み込んで、僕の背中を押してくれたにもかかわらず、仕事がうまくいかず、転職したことを後悔してもいる自分がいる……。彼女を安心させて、彼女を笑顔にしてあげなければいけないのに、俺は何をやってるんや？ めちゃくちゃカッコ悪いやん、俺……。

そうやって自分を客観視していると、すごい反発心が湧き上がってきました。

アホか、俺は……。落ち込んでる場合か？ 嫁さんや子どもにカッコ悪いところなんかみせられるわけないやろ！

そもそも、俺は、日本一になりたくて、カッコつけたくて、この世界に来たんやろ？ これまで俺のことをコケにしてきたヤツらも見返してやるんやろ？ **カッコつけるためには何が必要や？ 決まっとるやろ、結果や。結果を出すしかないんや。**いや、結果を出すために、自分ととことん向き合って、一生懸命やっている姿がカッコええんや……。

「最悪の未来」をリアルに想像してみる

このように自分を叱咤《しった》しながら、あえて最悪の状態を想像しました。

京大アメフト部のときと同じように、「さぼりたい」「逃げたい」という弱さに流されて、「本気」になってやり切らないままでは、営業という厳しい仕事で絶対に結果を出すことはできません。そして、フルコミッションのプルデンシャル生命保険には、結果を出せない営業マンに居場所はない……。

それは、恐ろしい未来でした。

カッコいいことを言ってＴＢＳを辞めて、たった1年で挫折して再び転職している自分。転職を応援してくれた妻を悲しませている自分。それでも、なんとか取り繕いながら生きようとする自分……。

僕は、カッコ悪くて、弱い自分をよく知っています。だからこそ、その未来にはリアリティがありました。心底怖くなりました。そして、「そこ」にだけは絶対に行きたくないという強烈な思いが込み上げてきました。

もう居てもたってもいられませんでした。

テレアポをしよう。そう思い立った僕は、バッグの中から「名刺ファイル」を取り出すと、くつろいでいる家族に「ごめん、ちょっと外に出てくるわ」と言って、宿泊していたコテージを飛び出しました。1週間も休暇を取ることに不安を覚えていた僕は、旅行先でも仕事ができるように「名刺ファイル」を持ってきておいたのです。

コテージは森の中にありましたから、周囲には街灯ひとつありません。

コテージから漏れる光を除けば、真っ暗闇でした。だから、テレアポができるのは「ここしかない」と、車に乗り込みました。

軽井沢とは言え、真夏だから車内はめちゃくちゃ暑かった。だけど、クーラーをつけるためにエンジンをかければ、コテージで眠っている赤ちゃんを起こしてしまう。

窓を開けたら、虫が入ってくる。仕方がないので、汗だくになりながら電話をかけるほかありませんでした。

「やりきった」後に、もうひと頑張りする

必死でした。

ついさっきイメージした「最悪の未来」に陥らないためには、今できることを全力でやるしかない。東京に帰ったら、すぐさま営業活動に全力投球するためには、できるだけ多くのアポイントを取らなければならない。だから、**僕は、「10人のアポが取れるまで、絶対にコテージに帰らない」と決めて、電話をかけ続けました。**

しかも、これまで避けていた方にも電話をするようにしました。

かつて名刺交換をさせていただいたけれども、社会的な地位が高かったり、心理的な距離が遠い方には、なかなか電話しづらいものです。あるいは、一度断られた方や、僕の営業スタイルを非難された方に電話をするのも勇気のいることでした。

だけど、そんなことを言っていられない。いや、そんな甘っちょろいことを言っているから、「俺はダメなんや」と思って、このときは、これまで避けてきた方にも次々と電話をしました。

何時間くらいやったのかは覚えていません。

ほとんどの電話はすぐに切られたり、二言三言で断られますから、効率は最悪。汗でシャツがドロドロになって気持ち悪かったですが、閉め切った車内だったから、傷ついたり、腹が立ったりしたときには、「くっそー！」とか「おっしゃ！　次行くぞ！」とか大声を出せるのは好都合でした。

それに、これまで電話をするのを避けていた方々から、意外にもすんなり「アポOK」をいただけたりもして、**これまで勝手に遠慮をして、自らチャンスを逃していたことに気づいたりもしました。**

そんなこんなで、なんとか目標の10アポを達成。

ヘトヘトでしたが、その「達成感」は僕を健康的な気持ちにもしてくれました。不安なときに、あれこれ考えごとをすればするほど、不安は「雪だるま式」に膨れ上がっていきますが、不安から逃れるために前向きな行動をすれば、それだけで不安は消えていくのです。

そして、僕は、ふと「よっしゃ、もう一つアポを取るまで頑張ろう」と思いました。アメフト部時代にさぼっていた**「限界を超えたところで、もうひと頑張り」を、ここでやることで、「自分の弱さ」を振り切ろうと思っていた**のかもしれません。

ともあれ、そのとき、僕は「もうひと頑張り」をして、無事、一件のアポをいただくことができました。実は、このアポが、のちに大きな契約に繫がり、僕が「日本一」になるうえで重要な意味をもったのですが、そのことについては改めて触れます。

「俺は、日本一になる」と心が決まった瞬間

結局、その後、東京に帰るまで、毎晩〝車内テレアポ〟をやりました。

そして、数週間先まで、スケジュール手帳を黄色の蛍光ペンで塗りつぶして、軽井沢からの帰路につきました。不安であることに変わりはありませんでしたが、この休暇でもう一度〝ネジ〟を巻き直したような感覚があり、東京に帰ったらエネルギーを噴出させるような勢いで動き回ってやろうと思っていました。

そして、翌朝、オフィスに出社したときのことです。

僕の隣に座っている同僚の営業マンが、先日産まれたばかりの長男・榮己について、こんなことを聞いてきました。

「金沢さん、榮己くんが産まれた8月7日って、誰の誕生日か知ってます？」

「いや、知らんわ」

「実は、僕の親父と同じ誕生日なんですよ」

とふざけたように言うので、「なんやコイツ」と腹の中で思っていたら、彼は、「冗談ですよ、冗談」と笑いながら、驚くべきことを口にしたのです。

「実は、8月7日ってドライデンの誕生日なんです。これって、金沢さんがドライデンになる暗示なんと違いますか？」

ドライデンとは、プルデンシャル生命保険の創業者であるジョン・F・ドライデンのこと。そして、個人保険で「日本一」の成績を収めた営業マンには、「ドライデン・アワード」が贈られることになっているのです。

この瞬間でした。**パチンとスイッチが入ったように、「俺は、日本一になる」と心が決まった**のです。「日本一になる」と信じ切ったというか、「誰にも譲れない」と決めたというか……。とにかく、僕は「本気」になることができたのです。そして、年度末の3月に、奇跡的な大逆転をして「日本一」になるまで、僕は「本気」でやり抜くことができたのです。

「圧倒的な結果」を出した人が、体験している「心理状態」とは？

なんとなく「神秘的」な話だと、怪しむ人もいるかもしれません。

しかし、これは、本当に僕の心に起きたことでした。そして、これは僕だけに起きたことではなく、圧倒的な結果を残したアスリートや経営者などのお話を聞くと、その多くの方々が同じような体験をされているのです。「俺はできる」「私はやる」と信じ込んだときに、人は大きなパワーを発揮するということなのでしょう。少なくとも、僕はそう信じて疑いません。

ただし、おそらく意識的に自分をコントロールすることによって、そのような「心理状態」になれるわけではありません。

僕自身、それまでずっと「日本一になろう」と自分に言い聞かせながら、本当のところ「本気」にはなれていませんでした。同僚のちょっとした一言が、僕の心のストッパーを外してくれたのです。つまり、心を決めるのではなく、心が決まるのだと思うのです。

とはいえ、ただ「心が決まる」瞬間を待ち侘びているだけでは、100%そんなことは起きないでしょう。やはり、「心が決まる」ためには、僕たちがやっておくべきことがあると思うのです。

「マイナス」を否定する力が、「プラス」を生み出す

第一に、危機感と真正面から向き合うことです。

あのとき、僕は、「このままいったら、営業マンとしてやっていけない」という強烈な危機感に苛《さいな》まれていました。そして、「最悪の未来」を想像して、そのあまりに悲惨なイメージに震え上がりました。

だけど、だからこそ、「〝そこ〟にだけは行きたくない」という強い思いが湧き上がってきました。

僕は、この反発心が大事だと思います。危機感が強ければ強いほど、未来への不安が強ければ強いほど、その「マイナス」を否定する力も強くなる。この反発心こそが、「心が決まる」という「プラス」の変化を引き起こす原動力となっているように思えるからです。

その意味で、仕事がうまくいかず、危機的な状況に陥るのは、辛いことではありますが、それこそがチャンスでもあるということなのでしょう。

状況を変えるのは、「思考」ではなく「行動」

そして、第二に、その反発心を活かして、危機的な状況を抜け出すための具体的な行動を起こすことです。

「なにくそ、このままで終われるか」と反発心が生まれても、具体的な行動は「明日から始めよう」ではダメです。反発心が生まれた瞬間に、全力で行動してみる。僕の場合は、それが〝車内テレアポ〟だったわけですが、あのとき、汗だくになりながら必死で電話をかけまくったのは、決定的に重要だったように思うのです。

なぜなら、状況を変えるのは「思考」ではなく、「行動」だからです。

あの休暇の最中、僕が思い悩んでいるだけだったら、東京に戻っても陰鬱な気分のままだったはずです。僕が〝車内テレアポ〟という行動を起こして、数週間先までアポを埋めていたからこそ、不安を抱えながらも、「未来の可能性」に向けて希望をもって東京に戻ることができたわけです。

しかも、あのとき、電話をするのを避けていた方々から、意外にもすんなり「アポOK」をいただけたことで、「俺、まだまだやれるんちゃうか？」という楽観も手に入れることができました。これも、思い悩んでいるだけでは絶対に手に入らないものです。行動してみることで、思わぬ可能性が見えてくるものなのです。

さらに、「10人のアポ」という目標を達成したうえで、さらに「もう1人からアポをいただこう」としたこともよかった。

なぜなら、**「やり切った」という感覚は、それだけで自信を与えてくれる**からです。すべての行動を「やり切った」うえで、それでもうまくいかないのならば、「それはもうしょうがない」と開き直ることができるからです。たとえ、うまくいかなかったとしても、「やり切った」ことについては自分を認めてあげることができる。これが、深いところで、自分を支えてくれる「自信」になるのです。

こうして、僕は、期せずして、「心が決まる」準備をしていたように思います。

たしかに、「心が決まる」きっかけは、同僚の「8月7日ってドライデンの誕生日なんです。これって、金沢さんがドライデンを取る暗示なんと違いますか?」という言葉でした。しかし、僕が、軽井沢で必死になって〝車内テレアポ〟をしていなければ、同僚の言葉は僕を素通りしていたように思うのです。

第3章

お客様と「Weの関係性」になる

13 「言葉の方向性」を変える

自分のすべての言動を、「結果につながるか?」という視点で見直す

「日本一」になる――。

そう心が決まった僕は、「これ以上は物理的に不可能」というレベルで、アプローチするお客様の「母数」を最大化するために全力を注ぎ込むとともに、お客様とのコミュニケーションを根本から見つめ直して、修正に修正を重ねていきました。自分の日常的な言動を意識的に振り返って、そのすべてを「結果につながるか?」という視点でチェックしていったのです。

もちろん、その基本は、「売ろう」とするのではなく、一人ひとりのお客様から「信頼」していただけるような関係性を丁寧に築いていくこと。その「信頼という資産」をコツコツと貯めることができれば、必ず、「結果」はついてくる。そのためには、お客様とどう接すればよいのか？　実戦経験を重ねるなかで、試行錯誤をしながら、僕なりの営業スタイルを確立していったのです。

意識したのは、すべてをお客様の目線で考えるということ。

ここでは、その一例として、「アポどり」についてご説明したいと思います。

すでに書いたように、当初は周囲を見習ってテレアポを行っていましたが、これはお客様の時間を奪う〝迷惑〟な行動なので、ほぼすべての連絡をメールで行うように変更しました。

メールであれば、お客様のご都合のよい時間に読んでいただけますし、面倒くさかったり、興味がなかったら、メールを開封しなくてもいい。読んでスルーしてくださってもOK。メールは、お客様にとってストレスがいちばん少ない連絡手段なのです。

しかも、メールは、僕にとっても都合がいい。

電話であれば、お客様が対応しやすい時間帯にかけなければなりませんから、こちらの行動の自由も奪われてしまいます。そもそも、夜にテレアポをするわけにはいきませんから、日中の時間はすべてお客様との面会に使うという、僕の「作戦」はとれないわけです。

「定型文」があれば、超効率的に「アポどり」ができる

さらに、メールがありがたいのは、「定型文」を作っておけば、大量にアポどりのメールを送信できることです。

もちろん、相手に合わせて、言葉を加えたり、表現を変えるなど、微修正をしますが、一本ずつ電話をするよりも格段に効率的。アプローチするお客様の「母数」を最大化するという目的のためにも、電話よりもメールがいいのは火を見るよりも明らかなのです。

重要なのは、**「定型文」そのものを随時修正していく**ことです。「どうすれば、お客様からの反応がよりよくなるか？」というアンテナを常に立てながら、徐々に徐々にベストな形を模索していくことが大切です。僕も、最初につくった「定型文」はその形がどんどん変わっていきました。

こういうものは、おそらく「完成形」というものはないのでしょう。むしろ、「これで完璧」などと慢心したときに、成長は止まる。**常に「よりよいもの」を求めて改善し続けることが、営業マンとしての「感性」を磨くことにつながる**のです。

だから、僕が使っていた「定型文」が完璧だなどとは思っていませんが、僕なりに、留意していたことをいくつか書いておきたいと思います。

まず重要なのは、「面倒臭そう」に見えないことです。

メールを開いた瞬間に、文字がびっしり書き込まれていたら、それだけで「読む気」が失せます。できるだけ改行の多い、短い文章でまとめるように研ぎ澄ませる必要があります。

特に注意が必要なのは、丁寧な文面にしすぎないことです。

お客様に対する礼儀ははっきりと示さなければならないのは当然のことですが、あまりに丁寧にすぎると文章量が増えて「読む気」が失せますし、たとえ読んでくださったとしても、「こっちも、それなりに丁寧に返事しないといけないな……」と思わせてしまい、お客様にストレスを与えてしまう結果を招くでしょう。結局、面倒くさくなって返事を書くのをやめる方もいらっしゃるはずです。

また、お客様に「考えさせる」手間をできるだけかけない配慮が必要です。

そのために、僕は、アポイントを希望する日時をいくつか明記するようにしていました。お客様のご都合に合わせるのが礼儀のように感じられるかもしれませんが、お客様の立場に立てば、むしろ、3つくらいの候補の中から自分に都合がよい日時を選ぶほうが手間がかかりません。

しかも、日程調整の主導権を僕が握ることになりますので、こっちにとっても好都合です。

営業マンは「人と会う」のが仕事ですから、スケジュールはかなり先まで埋まっているはずです。それを、お客様の都合で調整しようとすると確実に混乱します。そのような事態を招かないためにも、**日程調整の主導権は営業マンが握っておいたほうがいい**のです。

「僕の話を聞いてください」ではなく、「お話を聞かせてください」にする

そして、僕が最も効果的だと思ったのは、「言葉の方向性」を変えたことです。

当初、僕はアポどりのときは、セールス・スクリプトどおりに、「将来お役に立てる話があるので、ぜひ話を聞いてください」と言っていました。

しかし、「僕の話を聞いてください」という言葉の方向性は、僕からお客様に向かっています。これは押し付けがましいですし、お客様にすれば「どうせ、保険を売りつけようということだな」と感じるだけでしょう。要するに、「売ろう」とする言葉

なわけです。

そこで、僕は、「ぜひ、お話を聞かせてください」という表現を使うように徹底しました。

言葉の方向を、お客様から僕に向けるようにしたのです。これだけでも、お客様に与える印象は相当変わります。押し付けがましくなく、謙虚な印象すら持ってもらえるかもしれません。特に目上の方や先輩・年上の方には有効でした。

そもそも、差出人が「プルデンシャル生命保険　金沢」となっている時点で、お客様は「あ、営業メールね」と思われているわけです。にもかかわらず、**「ぜひ話を聞いてください」などと書くのは、「売りたいんです！」と〝ダメ押し〟をしているようなもの。**わざわざ、お客様に敬遠されようとしているようなものです。

それに、これは僕の意思表明でもありました。

僕は、もう二度と「売ろうとしない」と心に決めていました。

だから、「お話を聞かせてください」というのは僕の本心だったのです。じっくりとお話を聞かせていただいて、何か僕に役に立てることがあれば力になりたい。その結果、「契約」に繋がればもちろん嬉しいですが、もしも、「契約」には繋がらなくても、お客様との信頼関係を築ければ営業は「成功」。その意思を表明するために、「お話を聞かせてください」という言葉を徹底して使い続けたのです。

14 「面」で話して「点」を探す

「初回の面会」に向かう前に、絶対にやっておくべきこと

お客様と初めて会うときに何をするか？

これは、営業マンにとっては極めて重要な問題です。第一印象の良し悪しは、お客様との関係性を大きく左右しますから、細心の注意を払う必要があるのは当然のことでしょう。

最初の面会に向かうときに、僕が必ずしていたことがあります。

それは、面会の目的の再確認です。「保険を売ろう」とするのではなく、「信頼とい

う資産」を築くことが目的なんだ、と毎回確認するようにしていました。

もっと言えば、「保険の話をできなくてもいい」と言い聞かせていました。初対面なんだから、まずは、僕という人間を受け入れてもらうことが大事。今回は保険の話ができなくても、次のアポイントをいただけるような関係性を築けばいい。最悪、保険に入る気が0％の方の場合には、今回限りでもいい、と。

くどいようですが、僕は小心者だから、毎回毎回それを確認しなければ、どうしても「売りたい」という思いがにじみ出てしまうような気がしてなりませんでした。これが、わずかでも伝わってしまった瞬間に、お客様の気持ちはスーッと離れていってしまいます。「売りたい」と思うのは、営業マンの〝職業病〟みたいなものですから、念には念を入れて、自分の気持ちを整理するようにしていたのです。

そして、僕は、面会前にしょっちゅう妻に電話をしていました。

営業とは、「否定」されることの連続であり、「否定」されると心理的に大きなダメージを受けます。正直に言うと、お客様と会うのは「怖い」んです。その「恐怖心」

をもったままでいると、お客様にも妙な緊張感を与えてしまいかねません。

だから、僕に対して絶対に否定的なことを言わず、「頑張ってね」と言ってくれる存在である妻の声を聞くようにしていました。当初は、毎日、最低でも10回くらいは妻に電話をしていたように思います。

「大の大人が、何を甘えてるのか？」と言う人もいるかもしれませんが、甘えさせてくれる相手がいるならば、甘えさせてもらったほうがいいと、僕は思っています。「結果」を出すためにプラスになることは、できる限りやったほうがいいに決まっているからです。

高級ホテルのラウンジよりも、街中のカフェのほうがよい

心が整ったら、面会場所に向かいます。

僕は、あまり「場所」にはこだわりませんでした。

営業マンのなかには、高級ホテルのラウンジを使う人もいます。「お客様に対する

敬意を示すためには、高級な場所をご用意したほうがいい」「営業マンとしてよいサービスをするには、自分もよいサービスを受ける経験をしたほうがいい」といった理由があるからで、「なるほどな……」と思って、当初は、僕もそれにならっていましたが、かなり早い段階でこだわらなくなりました。

なぜなら、毎回、高級ホテルのラウンジを使っていたら経費が「バカ高く」なりますし、同業者にもよく会って挨拶されるので落ち着かないからです。

それに、「場所」の力を借りなくても、自分にしかできないような方法でお客様にサービスできるようになったほうがいい。**自分自身の「価値」は、高級な場所で商談することや、高級なブランドを身に着けることからではなく、自分自身から滲み出てくるもの**なのです。

そんなわけで、高級ホテルのラウンジを使うのはやめて、広くて静かなスペースを確保できる街中のカフェを利用するようになりました。普通のカフェでも、快適なスペースさえ確保できれば、お客様に対して失礼にはなりません。しかも、駅から近いカフェのほうが、お客様にとっても便利だと考えたわけです。

もちろん、遅くとも、約束の時間の10分前には着席します。

そして、お客様がいらしたら、立ち上がって、目を見てしっかりと挨拶をします。

いろいろな邪念を捨てて、「お目にかかれて嬉しいです」という思いだけを胸に、とにかく気持ちよく挨拶をすることを意識していました。

程よい「緊張」は、営業マンの味方になってくれる

挨拶が済んで席についたら、いよいよ本番です。

初対面ですから、どうしたって緊張しますが、それを打ち消そうとする必要は全くありません。

むしろ、僕は程よい「緊張」は、営業マンの味方になってくれると思います。誰でもそうだと思いますが、初対面なのに、やけに馴れ馴れしい人に対しては、「なんだか失礼だな」という印象をもつものです。だから、やたらと〝場慣れ〟したように振る舞うのは逆効果。少々緊張しているくらいが、お客様に好印象をもってもらいやすす

いのです。

大事なのは、面会という場をとにかく楽しむことです。

その邪魔をするのは「売りたい」「売らなければ」という邪念。そんなものはさっぱり捨てて、目の前のお客様と心を通わせて、一緒に楽しいひと時を過ごすことだけ考えればいい。そして、「金沢と一緒にいたら楽しいし、前向きな気持ちなる」と思っていただければ、それだけでも面会は大成功。**ひとりの人間として受け入れていただければ、自然と仕事はうまく行き始める**のです。

そもそも、考えてみれば、「保険の営業」という形ではありますが、地球上に何十億人もいるなかで、二人が巡り会うというのは奇跡的なご縁です。そのかけがえのないご縁を、よりよいものにしたいと思えばいい。そのためには、「保険」のことなど、忘れてしまうくらいのほうがいいのです。

では、どうやってお客様と心を通わせるのか？

簡単です。「共通点」を探せばいいのです。

相手との距離を近づけるコツは、とにかく共通点を見つけること。出身地でも、趣味やスポーツでも、大学でも、子どもでも、美味しい食事でもなんでもいいので、お互いに深く話せる「共通の話題」を見つけることに尽きます。

もちろん、共通点を探すために、お客様から不躾に「聞き出そう」「探り出そう」とするのはダメ。そうではなく、はじめは当たり障りのない話題を提供しながら、お客様と言葉のキャッチボールをします。自分が興味のある話題を、広く浅く「面」で展開していくイメージです。

そして、さりげなくお客様の反応を観察します。

何かの話題に触れたときに、グッと身を乗り出したり、声のトーンが上ったり、パッと表情が明るくなるような瞬間があるはずです。それは、お客様が興味をもっている話題である証拠。その「点」を見つけ出すことさえできれば、あとは、その「点」を掘り下げていけば、確実にお客様との会話は弾みます。そして、距離をグッと縮めることができるのです。

このように、僕は、初対面のお客様とお話するときは、「面」で会話をしながら「点」を探すことをイメージしていました。これは、非常に有効なので、ぜひ意識していただければと思います。

お客様に純粋な関心をもつことが、営業で成功する「秘訣」である

共通点を知るために、事前に準備をしておくことも大切です。

あらかじめ、お客様のことを可能な限り調べておくのです。誰かからのご紹介であれば、紹介者にその方のことを教えてもらえばいいし、今の時代、ネットで検索すればなんらかの情報が手に入るものです。SNSをやっていらっしゃる方ならば、そこからかなり深い情報を得ることもできます。そうして、その方との共通点に〝あたり〟をつけておくことができるわけです。

これが功を奏して、ある有力な経営者と一発で懇意《こんい》になったこともあります。

その方とお目にかかれるチャンスがあったので、インターネットで情報を検索しました。すると、甲子園球児で、しかも準優勝していると書いてあります。これは、絶対に〝ツボ〟です。僕も、中高で野球をやっていましたから、これ以上ない共通点が見つかったわけです。

もちろん、お目にかかったときに、いきなりその話を持ち出すのは不自然です。だから、最初は、自己紹介をかねて、僕がTBSを辞めて保険営業をしている理由などについてお話をしました。すると、「へー、それは思い切ったね」と、少し僕に対する興味をもっていただけたようでしたので、「ここだ！」と思って、「野球をやられてたんですね？」と話を振ってみました。

僕がアメフトをやっていた話をした直後でしたから、野球の話を持ち出しても不自然ではありません。はじめは、その方も「まぁね」くらいの反応でしたが、話の流れはできました。

そこで、「甲子園に出られてるって、すごいですね。僕も中高と野球をやってたんですが、甲子園は遠かったですよ」と言うと、「お、知ってるんだな？」という感じで嬉しそうな表情に変わります。すかさず、「しかも、準優勝って本当にすごい」と本音を伝えると、満面の笑みを浮かべられました。

それは、心を開いてくださったサインです。あとは、「どんな練習をされていたんですか？」「厳しい局面はどういう心構えで臨まれるんですか？」などと質問をすれば、どんどん話をしてくださるようになりました。そして、面会が終わる頃には、もう長年の知人のような距離感になっていたのです。

このように、共通点を見つけ出すことは、非常に大きなパワーを僕たちにもたらしてくれます。そして、共通点を見つけ出すためには、「売ろう」という気持ちを捨てて、人間としてのお客様に純粋な関心をもつことに尽きます。その意味では、**お客様に関心をもつことこそが、営業で成功する「秘訣」**と言えるのかもしれません。

15 まず、「自己開示」をする

お客様とのコミュニケーションは、「聞く」のが基本である

お客様とのコミュニケーションは、「聞く」が基本です。

初対面のときには相手との共通点を探す必要がありますし、その後も、お客様の潜在的な保険ニーズを探り当てたり、最適な保険のパッケージをご提案するためにも、お客様のことを深く知る必要があるからです。

そのためには、「売る」ためにこちらがアピールすることを考えているのは論外で、お客様の話を「聞く」ことを主眼にしなければならないのは当然のことでしょう。僕が、まっさきにお客様との共通点を見つけようとしたのも、そうすることで心を開いてもらって、気持ちよく話していただく流れを作り出すためです。

そして、「聞く」ためには、「質問」をしていく必要があるのですが、初回の面会から、あまりにもあれこれと「質問」をしすぎるのも考えものです。なんとなく「尋問」されてるような雰囲気になってくると、逆に、心を閉ざしてしまうお客様もいるからです。

例えば、**「小さなYESをもらう」という営業テクニックがありますが、僕は、これは逆効果だと思うので一切やりませんでした。**

皆さんもご存知かと思いますが、「小さなYESをもらう」というのは、「今日は天気がいいですね？」「○○大学を出ていらっしゃるんですね？」「小さなお子さんがいらっしゃるんですね？」といった、お客様が必ず「YES」と応えるような質問を会話の随所に入れるという「心理的なテクニック」です。「小さなYES」をたくさんいただくことで、無意識的に営業マンに対する肯定的なイメージをもってもらいやすくなるというわけです。

わざと「小さなYES」は集めない

だけど、これをされると鬱陶しいんですよね。

たしかに、いきなり営業を始めるよりも、当たり障りのない会話をしながら、「小さいYES」をもらっていくことには、一定の効果はあるとは思いますが、本当の意味でお客様との関係性をつくるうえでは、ほとんど本質的な意味はないのではないでしょうか？

そもそも、僕も、いろんな営業を受けてきたなかで、「小さなYES」を取ろうとする営業マンともたくさん接してきましたが、細かいことをいろいろ質問されて、いちいち「YES」と応えるのは、正直に言ってすごく面倒臭いんです。

しかも、「小さなYES」を取ることが目的ですから、質問が浅いことが多いし、なんとか商品の購入に結びつけようとする意図が見え隠れすることが多い。よっぽど熟達した営業マンは違うのかもしれませんが、普通の営業マンが「小さなYES」を取ろうとすると、かえってお客様の不信を買う結果を招くことが多いと思います。

だから、僕は、「小さなYESをもらう」という手法はすぐに捨てました。「自分がされてイヤなことはしない」ということですが、もっとはっきり言ってしまえば、**小手先のテクニックで信頼を勝ち取ることができるほど、お客様は甘くはない**と思うからです。むしろ、そんな小手先のテクニックでお客様の心理を操作しようなどというのは失礼ですらあると思います。

そして、こう自問自答しました。

自分なら、どういう営業マンに好感をもって、信頼感をもつだろうか？　そう考えれば、答えは明らかでした。ちゃんと自分の言葉で、「僕はこういう人間です」「こういう思いで仕事をしています」と語れる営業マンです。その言葉に真実味を感じられれば、自然と話を聞いてみようという気持ちになるのです。

そこで、僕は、正攻法を取ることにしました。

まず、正直に「自己開示」をするように心がけたのです。

お客様に心を開いて話していただくためには、その前提として、僕が心を開いて、「自分がどういう人間なのか?」「なぜ、保険の営業をやっているのか?」といった自分のことを堂々と語る必要があると思うのです。

そもそも、当時、僕がお目にかかっていたお客様のほとんどは「保険に入りたい」とは思っていませんから、いきなり「保険」の話をしようとしても身を入れて聞いてくれることはありません。**お客様とコミュニケーションを深めようとすれば、僕という人間に対して、「親近感」や「共感」「信頼感」など、なんらかの好意的な「想い」をもっていただくしかない**のです。

「なぜ、営業マンになったのか?」を自分の言葉で語れるようにする

特に、「なぜ、保険の営業をやっているのか?」についてお伝えするのは重要です。

なぜなら、お客様は「保険の営業」を受けるために、その場にいらしているからで

す。営業マンである僕が、どんな「想い」をもって「保険の営業」という仕事をしているのかを知ることは、お客様が僕を信頼するかどうかを判断するうえで欠かせないことなのです。

ただし、お客様の「目」は厳しいです。
僕の話に、「嘘」や「でっちあげ」があれば、それを即座に見抜かれます。だから、僕は、何度も自問自答しながら、**「なぜ、自分は保険の営業をやっているのか?」を深く深く掘り下げて、心からの「自分の言葉」として話せるようにしました。**

僕が、TBSを退職して、保険の営業マンを志したのは、すでに書いたとおり、TBSの〝看板〟で生きている自分を変えるためであり、京大アメフト部時代に失った「自信」を取り戻すためでした。だから、「本気」で営業に取り組んで、「日本一の営業会社で日本一」の実績を打ち立てたいと考えたわけです。
これは、率直に言って、お客様には関係のない話です。もっと言えば、〝For me〟の話です。だけど、これは僕の本心です。だから、嘘偽りなく、その動機をお伝えしました。なかには、この僕の動機に違和感を感じたお客様もいらっしゃったとは思いますが、実際には、多くの方が「共感」してくださったように思います。

そして、頑張ってる営業マンを応援したいと思ってくださる、ありがたいお客様もたくさんいらっしゃいました。特に頑張っている人ほど、頑張っている人を応援したくなるものなのです。

僕が「保険」を売っている絶対に揺るがない理由とは？

ただ、もちろん、僕が保険営業をやっている理由はそれだけではありません。

僕だって、単に「日本一の営業会社で日本一」になるという動機だけで、プルデンシャル生命保険に入ったわけではありません。**自分がその「価値」を認められない、あるいは「価値」を理解できない商品を売ろうとは思いません。**「保険」というものに、心の底から「価値」を認めていた、もっと言えば、「感謝」していたからこそ、僕はこの「道」を選んだのです。

実は、僕は、京都大学には現役で合格したわけではありません。現役のときも浪人のときも模試では常にA判定だったので、予備校では遊んでいて、はっきりいって受験をナメていたと思います。そして2回も京都大学に不合格となり、早稲田大学に入学することになったのです。

そして、京大への未練はありましたが、早稲田でアメフト部に入って、チアリーダーの彼女ができたりして、東京での生活を満喫していました。ところが、1年生の11月に実家の事業が破綻。両親が自己破産を余儀なくされる事態に陥りました。

母親が電話をしてきて、「こっちはどないかするから、あんたは帰ってきたらあかん」と言ってくれました。気丈な母親でしたから、本気で僕の学費をなんとかしようと思っていたのだと思います。

だけど、僕は理系だったので、学費だけでも年間160万円。それに、アメフト部の活動費や生活費がかかるわけですから、どう考えてもそんなお金があるわけがない。だから、僕はほとんど即座に、早稲田を退学することを決断。12月に大阪の実家に戻りました。

実家に戻ると、ひどい状況でした。

本当にお金がない。ご飯を食べるのもままならないような状態だったのです。これまで当たり前に使っていた「1万円」というものが、どれだけ貴重なものであるか、このとき僕は骨の髄まで味わわされました。

だから、長男である僕は、大学はあきらめて働くほかないと思いました。しかし、これに家族は「なんとかするから、あんたは大学にいきなさい」と猛反対。実は、僕の両親は高卒の元ヤンキー。英語も読めないから、カラオケに行くと英語の歌詞の上に書いてあるカタカナを読んでいる。そういう両親だったから、息子の僕にはなんとしても学歴をつけさせたかったのでしょう。

その気持ちも、僕には痛いほどよくわかりました。

だけど、これだけは僕も素直に「ありがとう」と言えませんでした。「家がこんな状態なのに、大学なんかに行っている場合ちゃうって。長男である俺が働いて、家をなんとかするしかないやろ」と両親と言い合いになりました。

自分が「売る商品」の価値を心の底から語れるか？

そこに、割って入ったのが祖母でした。

「お前は大学に行け。金は私が出したるから」

「どこにそんな金があんねん？」

「そんなもん保険解約したら一発や」

なんと、祖母が長年積み立てていた保険があったのです。そして、「お前、これまで父ちゃん、母ちゃんがどんな想いでお前に学校行かせとったかわかるやろ？　金は私が出すから、大学に行け」と言われたときには、僕は涙が止まりませんでした。

ただし、状況は最悪でした。

僕が大阪に帰ってきたのは12月。大学の試験は2月ですから、ほぼ2ヶ月しかない。

普通に考えれば「無理」な話です。

だけど、逆にこれがよかった。家族の気持ちの後押しもあって、僕は、完全に腹をくくることができました。そして、二度も受験に失敗した京大にリベンジする絶好のチャンスだと捉えて、受験勉強に没頭。寝ているとき以外の時間はすべて勉強していたと思います。我ながら、集中力も半端じゃなかった。それで、なんとか2ヶ月の受験勉強で京大に合格することができたのです。

このような経験をしていた僕にとって、**「保険」とは、まさに人生を救ってくれたかけがえのない商品**なのです。

だからこそ、僕自身、社会人になってすぐに高額の生命保険に入り、結婚したり、子どもが生まれたりするたびに、増額を繰り返してきたのです。自分の愛する家族の人生を守るために、絶対に必要な商品だと確信しているからです。

このような話を、僕は、すべてのお客様に包み隠さずお話ししてきました。

そして、「だからこそ、僕は、自分が信じる『保険』というサービスについて、正しい情報をお伝えしたくて、保険の営業マンになりました。もちろん、保険に入るかどうかを決めるのはお客様です。だから、保険に入ってくださらなくても、全然構わないんです。ただ、正しい情報をお伝えするチャンスをいただければありがたいんです」とお話すれば、ほとんどのお客様は納得してくださいました。

むしろ、僕の人生に共感を寄せてくださって、「実は、僕もね……」などと、問わず語りに、ご自分の人生について語り始めてくださった方もいらっしゃいました。そこから、深いコミュニケーションが始まっていくのです。

大事なのは、「なぜ、その商品を売っているのか？」を深く深く掘り下げることです。そして自分の言葉で自分のストーリーを話せるようになることです。

それは、セールス・スクリプトには書いてありませんし、世界中の書物やインターネットを調べても絶対に出てきません。答えは、僕たちの人生のなかにしかないのです。その意味で、営業マンの仕事は、「自分の人生」を深く理解するところから始まるのかもしれません。

16 お客様と「Weの関係」になる

営業が成立する「絶対条件」とは？

営業は「自己開示」から始まる――。

僕は、そう考えています。

お目にかかるお客様のほとんどは、「保険に入ろう」とは思っていません。にもかかわらず、**「保険」の話をいくらしても心に響くことはありません。それよりも、「僕という人間」に興味や共感をもっていただくことのほうが大切**で、そうなれば、僕の話も「聞いてやろうか」という気持ちになってくれるのです。

そのためには、まず、営業マンが、「僕はこういう人間です」「こんな想いで営業をしています」といったことを包み隠さず開示しなければなりません。それに興味や共感をもっていただければ、お客様も僕に対して心を開いて、自らの「人生」や「想い」について語り始めてくれるものなのです。

これが非常に重要です。

なぜなら、そうなったときに初めて、営業マンとお客様が「Weの関係」になることが可能になるからです。

営業がうまくいかないのは、営業マンは「私は売る人」でお客様は「私は買う人」という立場で固定しているからです。しかし、お互いの「人生」や「想い」を交換できるようになると、ともに不確実な人生を生きる「同志」としての感情を共有できるようになります。多少なりとも、そのような関係性になれたときに、はじめて「営業」というものが成立するのだと思うのです。

もちろん、所詮は「営業」でもあります。

本当に、「人生の同志」になるのは長年の付き合いのある友人とだって簡単なことではありません。そんなに難しいことを、たかだか数回、営業でお目にかかるだけでできるはずがありません。

だけど、僕は、この営業での出会いをきっかけに、目の前のお客様と長くお付き合いできるようになって、いつか「人生の同志」と心底思えるような関係性を築きたいと思っていました（実際、その後、実に多くのお客様と「人間」として長いお付き合いをさせていただいています）。

お客様が「想い」を語ると、こちらの話を「聞く」態勢になる

そのために大事なのは「聞く」ことです。

営業マンが「自己開示」をするのは、こちらが先に心を開くことで、お客様の心を開いていただくことです。だから、営業マンが「自分の話」ばかりしているようでは、話になりません。お客様が心を開いてくださったら、そのあとは、お客様の「人生」

や「想い」に耳を傾けることに精力を注ぎます。

ただし、これには「時間」が必要です。

だから、僕はできるだけ面会に時間をかけるようにしていました。通常、営業の面会は「30分」を想定して、その時間内に完結できるようなセールス・スクリプトが用意されていますが、お客様が日頃明かすことのあまりない「想い」を語っていただくには、とてもその時間では足りません。

そこで、僕は、お客様からアポイントを取るときに、少なくとも「1時間」をいただけるようにお願いをしていました（もちろん、お客様のご都合に合わせて短くすることもありましたが……）。しかも、保険営業では、基本的には3回の面会でご契約をお預かりすることが目標とされていますが、僕は、それには囚われず、**回数が増えても構わないから、お客様からじっくりとお話を伺うようにしていました。**

大事なのは、お客様の人生に思いを馳せながら、営業マンとしてではなく、一人の人間として耳を傾けることです。

営業マンもお客様も同じ人間ですから、必ず、自分の人生と重ね合わせて共感することができる部分があります。そこに心を共振させながら話を聞いていれば、お客様も自然と普段はなかなか明かさない「想い」も語ってくださるようになります。

そして、その**「想い」をしっかりと受け止めることができれば、今度は、お客様がこちらの話を聞く態勢を取ってくださる**ようになります。このとき始めて、「保険」の話ができるようになるのです。

もちろん、「相性」のようなものもあるので、こちらがどんなに親身になって耳を傾けようとしても、心を開こうとなさらないお客様もいらっしゃいます。あるいは、心は開いてくださったけれども、「保険」に入る気持ちはまったくないことが伝わってくることもあります。

そのような場合は、無理して「保険」の話などする必要はありません。そんなことをしても嫌われるだけ。それよりも、貴重な時間を割いてくださったことを感謝するとともに、「僕は保険のプロです。今後、何かお役に立てそうなことがあれば、いつでもご連絡ください」などとお伝えするに留めていました（実際に、後でご連絡をいただいたことはかなりあります）。

「保険に入った理由」を語れば、お客様はご自分にあてはめて考えてくれる

しかし、そうではないと感じられた場合には、僕は、率直に「なぜ保険が必ず人生のお役に立つのか勉強してみませんか？」とお伝えしました（アポイントの残り時間が少ない場合は、次回のアポイントをお願いします）。

そして、ＯＫのようでしたら、「保険」の話に入っていきます。ただし、ここで一般論として「保険の必要性」を語り始めると、せっかく醸成されつつあった「Ｗｅの関係」が崩れてしまいます。

だから、僕は、「自分がなぜ保険に入ったのか」について自己開示するようにしていました。僕がくどくど説明しなくても、お客様は、僕の語るストーリーをご自身に重ね合わせて、「保険」について思考を深めていってくださるからです。

僕が保険に入ったのは、TBSに入ってすぐのことでした。

当時、僕は、保険には全く興味がなかったのですが、京大の同級生から「プルデンシャル生命保険の営業マンに会ってみないか？」と声をかけられて、同級生への義理だてでお会いしました。すぐにお断りするつもりでしたが、その営業マンといろんなお話をするなかで、自分の両親の老後を心配している自分がいることに気付かされました。

すでに書いたとおり、僕の両親は、裸一貫で事業を立ち上げて、苦労しながら僕に学歴をつけさせるために一生懸命働いてきてくれました。ところが、僕が早稲田大学在学中に自己破産。ですが、その後も勤め人になり苦労しながらも京都大学を卒業させてくれました。

そしてTBSに入社にすると、同期をはじめとする社員さんにはとても育ちのよい人たちが多く、その中に入ると逆に、本当に苦労して僕を育ててくれた自分の両親が誇らしく思えました。

勉強をする生育環境になかったために学歴もなく、カラオケに行くと英語が読めず、上に書いてあるカタカナを読んでいるような両親です。そんな両親が、僕のために必死に働いて、愛情を注いで育ててきてくれました。だからこそ、今の自分がある……。

そんなことを改めて考えるきっかけを、その営業マンが与えてくれたのです。そして、営業マンと一緒に「両親の老後」を考えていると、ものすごく心配になってきました。

「当事者」意識をもって、お客様の「心配」に向き合う

絵に描いたような元気でうるさい、大阪のおっちゃんやおばちゃんだった両親も必ず年老いていきます。

しかも、自己破産をしていますから、蓄えも十分にあるわけではありません。そんな二人の老後の生活は、長男である僕が面倒を見るのは当然のことだと思っていましたが、もしも僕に何かがあったら、二人はどんな生活を強いられることになるのだろ

う……。

目一杯の愛情を注いで、僕を一生懸命に育ててきてくれた両親が、年老いてから苦しい生活を強いられている姿を想像するのはとても耐えられませんでした。それで、両親を受取人とする高額の保険に入ることにしたのです。それは、両親のためでもありますが、それ以上に、自分の両親への「想い」を遂げるためにはどうしても入っておかなければならなかったのです。

こんな話をすると、多くのお客様は「なるほどね」と共感をしてくださいます。そして、おそらく、ご自身が大切に思っている方々のことを想起されるのでしょう。「自分も田舎に親を残してましてね」「子どもがまだ小さいので……」などと、ご自分が心配されていることを口にされたりします。

その「想い」は、僕が両親に対して抱いていた「想い」と同じですから、いわば**僕もお客様の人生の「当事者」として気持ちを重ねることができます。**

そして、「ご心配なことをクリアにするためにどうするか、一緒に考えてみませんか？」と呼びかければ、多くのお客様は次回のアポイントの調整をしてくださいます。

こうして、自然と「保険」の具体的な話へと移っていくのです。

17 「理屈」で語らず、「絵」で語る

商品説明は「概略→詳細」で伝える

いかに商品説明をするか？

これは、すべての営業マンが頭を悩ませていることでしょう。

僕もこれには試行錯誤を繰り返しました。僕が売っていた「生命保険」という商品は金融商品ですから、細かい数字や専門用語が山ほど出てきます。掘り下げていけば、もうめちゃくちゃに複雑な話になるわけです。

しかも、生命保険という商品は長期間にわたってお支払いをいただく高額商品ですから、営業マンは、そのメリットとデメリットをきちんとお伝えすることが法律的に義務付けられていますし、それは道義的にも当たり前のことです。

ところが、その義務を果たそうとすれば、話がどうしても複雑難解なものになってしまって、お客様がついて来られなくなるというジレンマがあるわけです。

これは、生命保険に限らず、さまざまな商品の営業にも共通する問題だと思います。複雑な商品説明をきちんと行うために、皆さん、詳細にわたるプレゼン資料を準備されているはずです。僕も、お客様からの詳細にわたる質問にしっかり対応するためにも、さまざまなデータを整理した資料は万全の準備をしていました。

しかし、その資料をいきなり見せても、お客様はチンプンカンプン。**きちんと伝えようとすると、まったく伝わらない**という事態を招いてしまいます。これでは、営業になりませんし、「きちんと伝える」という責務も果たすことができません。

では、どうすればよいか？

これは「プレゼンの基本」ですが、「概略→詳細」の順番で話すことです。

いきなり「詳細」の話をするのではなく、まずは、ざっくりと「概略＝商品の本質」を理解してもらうようにして、お客様が「概略」を把握されたことを確認したうえで、一歩ずつ「詳細」を掘り下げて説明していく。このプロセスを意識することで、お客様の反応はかなり変わってくるはずです。

ただ、これが意外と難しい。

なぜなら、営業マンには専門知識があるからです。

専門知識があるだけに、「それって、要するにどういうこと?」と聞かれても、「あれもこれも説明しなければ正確ではない」という思考にはまってしまって、「詳細」の話をしてしまう。その結果、素人であるお客様には、よくわからない話になってしまうのです。

だから、営業マンが知恵と時間と労力を注ぐべきなのは、「概略」をいかにわかりやすく伝えるかを考えることです。もちろん、「詳細」を説明する資料に万全を期すのは当然ですが、一回それを作り上げれば、あとはそれを使いまわせばいい。それよりも、日々の営業活動でお客様の反応を見ながら、「どうすれば、もっとズバッと概略を伝えられるか?」を追究するべきなのです。

「理屈」ではなく、「絵」で伝える

僕も、これには試行錯誤を繰り返しました。

そして、辿り着いた結論は、「『理屈』ではなく、『絵』で伝える」というものです。お客様が頭のなかで「絵」として描けるようなストーリーとして、「商品の概略」を伝えるのです。語弊のある言い方かもしれませんが、子供向けの本に「絵」「写真」「図解」がたくさん載っているのと同じことで、素人であるお客様に直観的に「商品の概略」を掴んでいただくためには、「絵」で伝えるほうが圧倒的に効果的なのです。

例えば、僕がよく伝えたのはこんな話です。

「あなたと、奥様とお子さんが、三人でボートに乗って大海原に漕ぎ出したとします。もちろん、オールを漕ぐのは、家族のなかで一番力持ちであるあなたです。海が荒れたときも、逆風のときも、愛する家族のために、力の限りを尽くして漕ぎ続けるはずです。

でも、あなたが海に落ちてしまうこともありえます。そうすると、その先は、奥様とお子さんでボートを漕いでいく必要がありますが、あなたですらたいへんだったのですから、ご家族にとっては辛く厳しい旅になりますよね。

ところが、漕ぎ手が１０００人もいる大きな客船に乗っていればどうでしょう？もしも、あなたが船を漕げなくなっても、まだ９９９人の漕ぎ手いるんですから、船は変わらず進んでいくでしょう。そして、奥様とお子さんがたいへんな思いをすることはありません。

保険は、その船の乗船券のようなものです。

そして、船のチケットにも種類があります。例えば価格が安めのチケットは、65歳になって目的地に到着したら「おめでとうございます」と船から降りるというチケットで、もう一つのチケットは、お値段は高いけれども、65歳を過ぎてもそのまま船に乗り続けることができるし、65歳で下船した場合には、今までお支払いしたチケット代金を全て受け取ることができるものです。それが、「掛け捨て」と「終身保険」の違いです。さらに、それらを組み合わせることも可能です……」

　このようにお伝えすれば、お客様は頭の中で「絵」を描きながら、「掛け捨て保険」と「終身保険」の商品特性の違いを直観的に把握してくださいます。これを「理屈」で説明しようとすると、ややこしい話になってしまいますが、このように**「絵」で伝えれば、100%のお客様に一瞬で理解していただけます。**

　だから、僕は、このような「絵」に描けるストーリーを、いくつも考え出してストックしていました。それらのストーリーが、僕の営業力を大きくバックアップしてくれていたのです。

　重要なのは、**営業マンは、売っている商品の専門家であるがゆえに「限界」があることを認識する**ことです。専門知識がなければ営業マンは務まりませんが、その専門知識に縛られていてはお客様に商品についてわかりやすく説明することができません。専門知識のないお客様の立場になって、どのような「絵」を描けばわかりやすいかを徹底的に考え抜く必要があるのです。

18 「触診」をするように話を聞く

さまざまな話題を提供しながら、お客様の「本心」を探り当てる

繰り返しますが、お客様とのコミュニケーションは「聞く」のが基本です。

ただし、単に「聞く」だけではありません。大事なのは、お話を伺いながら、お客様の「本心がどこにあるか」を察知することです。「お客様が何を大切に思っているのか?」「何を心配しているのか?」を知り、その気持ちをサポートするにはどうすればよいかを考える。ここに、営業マンの「真の存在理由」があると思うのです。

だから、僕は、お客様とお話するなかで、相手に響くツボを探しています。

面会の際には、家族、子ども、資産、相続など保険に直接関係するトピックから、スポーツ、出身地、趣味、こだわりなどの個人的なことまで、いろいろなテーマでお話を伺いますが、そのなかで、どの話題に触れたときに、お客様が特別なリアクションを示すかを観察するのです。

重要なのは、それは無意識的な反応であることです。お客様は、「本当に大切にしていること」「本当に心配していること」を明確に意識されているわけではありませんし、もしも、意識しているとしても、出会ったばかりの営業マンにそれを言葉で伝えることはあまりありません。

いや、無意識の反応だからこそ、それはお客様の「本心」だと言えるのです。

いわば、医師が患者を診るときに「触診」をするようなイメージです。患者は自分の体のどこが悪いのかがはっきりとはわかりません。だから、医師が触診しながら患者が「痛がるポイント」を探り、そこから症状や病因を明らかにしていくわけです。

それと同じで、どの話題に触れたときにお客様が特別なリアクションをするのかを見極めて、そこからお客様の潜在的なニーズを探り当てていくのが営業マンの仕事なのです。

リアクションは十人十色です。

重要な話題に触れると、声が高くなる人もいれば、目が鋭くなる人もいれば、眉を動かす人もいれば、身を乗り出す人もいます。だから、僕は、**お客様の全体を「絵」として見ながら、そこに起きる「変化」に注意します。**

「間違い探し」のようなイメージです。2枚の似たような絵が掲載されていて、「違っている箇所はどこか?」と問うクイズがありますが、あの要領でお客様の「変化」に目をこらすのです。そして、大きな「変化」が起きたときには、そこに重大な問題が隠されている証拠だと考えて、そのテーマを掘り下げていくのです。

お客様の無意識的な「変化」に目をこらす

例えば、こんなことがありました。

そのときお目にかかったお客様は、知人から紹介された31歳で独身のサラリーマンでした。

僕は、その方と面会するときに、「若いうちに入ったほうが断然メリットがあることを伝えるのがいいだろう」と思っていました。しかし、少しお話すると、紹介してくれた知人への〝義理だて〟のために僕に会っていることがすぐにわかりましたし、「若いうちに入るメリット」に触れても全く興味を示されませんでした。「取りつく島もない」という感じだったので、保険の話で深追いせずに、人としてつながっておくだけでいいかなと思っていました。

ただ、今後、結婚されたときなどに、ご連絡をいただけるかもしれないと考えて、念のため、僕が保険に入った理由を話してみることにしました。

そして、「自分も当初は保険には全然興味がなかったけれど、自分に何かがあったときに、両親の老後の面倒を見る人がいなくなるのが心配になって、高額の保険に入ることにした」という話をしたときに、彼の表情に明らかな変化がありました。それまではほとんど無表情だったのですが、目に力がこもったように見えたのです。

特に、両親が事業に失敗して、老後の蓄えがほとんどないことも包み隠さず話したときには、彼は、「それは心配ですね……」と深い共感を示してくれました。これで僕は直観しました。きっと、この方もご家族のことで心を砕いていることがあるに違いない、と。

営業マンが「自己開示」するから、お客様もデリケートな話ができる

僕は、「家族のことは心配ですよね……」とおうむ返しをしました。するとお客様はしばらく押し黙っていらっしゃいましたが、「実は……」と語り始めました。

その方の弟さんに障害があって、小さい頃からずっと面倒をみていたけれども、自分は就職のために東京に出てきて、地方の実家で年老いつつある両親と弟さんだけで暮らしている。いまは自分が仕送りして生活を支えているが、自分に何かあったら弟がどうなるか心配でならないとおっしゃいます。

そこで、僕は、弟さんのために、安い掛け金で高い保障が受けられる保険があることをお知らせしました。

すると、ものすごく喜ばれて、すぐに具体的な保険の設計をしてほしいと依頼してくださいました。しかも、その後、ご自身のための保険にも入ってくださることになったのです。

このように、**お客様がご家族のプライベートに深くかかわるデリケートな問題について、自ら営業マンに語ってくださることはほとんどありません。**

それに、弟さんに関して心配していることの一部を、「保険」というサービスで解決できることに気づいていないということもあるのです。だから、営業マンがいろいろな話題を提供することで、それを見つけて差し上げることは非常に大切なことだと思います。

また、これは想像ですが、あのお客様がご家族のデリケートな問題を打ち明けてくださったのは、僕が「両親の事業が失敗して、老後の蓄えが乏しい」というデリケートなことを包み隠さずお伝えしたこともあったのではないかと思います。こちらが、**デリケートな問題についても「自己開示」することで、お客様も「自己開示」しやすかった**のではないかと思うのです。

お客様の「想い」がわかれば、「道」が拓ける

あるいは、こんなこともありました。

ある二代目社長の方にお目にかかったときのことです。

経営者に営業するときには、「生命保険が決算対策になる」ことを伝えるのが定石なのですが、その方は「決算対策」という言葉には全く興味を示されませんでした。このときも、僕は「これは難しそうだな……」とあきらめそうになっていました。

ところが、会社経営の苦労話を伺っているときに、ある社員さんの話をされる様子が非常に印象的でした。

その社員さんは社長さんと同期入社。非常に優秀な人物で、先代から事業を継承する大変なときに、全力でサポートしてくれたそうです。だから、できるだけ早く役員に引き上げて、長年会社を支えてくれた恩を伝えたいんだと熱く語られたのです。

これで、僕は気づきました。

こっちの思い込みで「決算対策のための保険」を提案したって意味がない。社長さんが求めているのは、これまで助けてくれた社員さんに感謝の気持ちを示すことなんだ、と。

そこで、僕は、その方を役員に引き上げるタイミングで、役員保険に加入されてはどうかとご提案しました。会社が保険料を支払い、その役員さんに何かがあった時には、保険金を役員のご家族が死亡退職金として受け取ることができる保険です。役員さんが定年まで勤め上げたときには、解約返戻金を退職金にあてることもできます。

この提案に、社長さんは「そんな保険があるんだね！」と大喜びをされました。これで、ご自分の「想い」を具体的な形として、その社員さんに伝えることができることが本当に嬉しかったようでした。そして、すぐに具体的な保険の設計をするように依頼してくださったのです。

「思い込み」で目を曇らせていけない

これらのエピソードを思い返すと、改めて気付かされることがあります。

「思い込み」ほど怖いものはない、ということです。

僕自身がそうですが、31歳の独身男性に営業するときには「若いうちに入ったほうが断然メリットがある」という「思い込み」がありましたし、二代目社長さんのときには「決算対策」という定石に囚われていました。そして、おふたりの反応が薄いので、営業をあきらめかけていたのです。

これらの事例では、幸いなことに、お客様のリアクションによって、自分の「思い込み」の誤りに気づくことができましたが、もしかすると、これまでの営業で、「思い込み」に囚われて、お客様の微妙な「変化」に気づくことができずに、営業マンとしての仕事ができなかったケースもあったかもしれません。そう考えると、「思い込み」というものの怖さを改めて感じるのです。

営業マンは無意識のうちに、「こういう属性のお客様ならば、こういうニーズをお持ちだろう」といった思い込みをもってしまいがちです。そして、そのために「目」が曇ってしまうことが十分にありうるのです。

ですから、**「無心」でお客様と向き合い、その微細な「変化」に集中することが大事**なのだと思います。おそらく、名医と呼ばれる人々は、そのような「触診」をされているのでしょう。それは、営業マンにも求められる資質なのです。

19 「クロージング」は一切しない

小手先のテクニックを弄して、長期的な利益を失ってはならない

「僕は、クロージングはしません」

こう言うと、いつも驚かれます。

ご存知のとおり、クロージングとは、商談の最終段階において、お客様の購買心理を誘導して確実に契約に結びつけるテクニックのこと。このテクニックに長けているかどうかで成約率に差がつくため、「クロージングをしない」と言うと驚かれるのも当然のことかもしれません。

実際、実績を出している営業マンの多くは、クロージングを熱心に研究して、お客様に「YES」と言わせる技術を磨き上げているものです。僕も、〝駆け出し〟のころは、そうした先輩たちのクロージング・テクニックを学んでは商談の際にいかそうとしていました。

だけど、やっているうちにだんだん違和感を覚えるようになりました。

例えば、あと一歩で契約をお預かりできそうだったお客様が、最後の最後に「もうちょっと考えさせてもらっていいですか?」と決断を引き延ばそうとされることがあるのですが、ベテラン営業マンであれば、そういうときにうまく切り返して、その場で決断をする方向に、さりげなく誘導する技術をもっているわけです。

ただ、**いくら「さりげなく」しようとしても、そこにはどうしても営業マンの「売りたい」という欲望が滲み出てしまいます。**それが、どうしても好きになれなかったのです。

しかも、お客様は、そうした営業マンの心理を敏感に感じ取ります。たとえその場で契約をお預かりできたとしても、お客様との信頼関係には微妙な距離が生まれるような気がしてならないのです。

だから、僕は「原点」を大事にしたほうがいいと思うのです。

契約は、営業マンのものではなく、あくまでもお客様のもの。これが、営業の「原点」です。そして、生命保険という高額商品の購入を決断するわけですから、お客様が慎重になるのも当然のこと。**無理にクロージングしようとするよりも、あくまでもお客様のご意思で決断していただくべき**だと思うのです。

このように書くと、綺麗事のように聞こえるかもしれません。

だけど、何度も書いてきたとおり、営業マンにとって大事なのは「目先の売上」ではなく、お客様との信頼関係という「資産」をコツコツと蓄積することです。たとえ、「目先の売上」を逃したとしても、その方との信頼関係さえ維持できていれば、いずれ契約をお預かりできるかもしれないし、どなたかをご紹介いただけるかもしれない。それこそが、営業マンの「生命線」なのです。

であれば、小手先のクロージング・テクニックを弄して、お客様との信頼関係を傷つけるようなリスクは取るべきではないと、僕は考えます。そのほうが、長期的には利益をもたらしてくれるからです。

決断を「誘導」するのではなく、決断を「サポート」する

だから、あるときから、僕はクロージングを一切しなくなりました。

例えば、先ほどのように、最後の段階でお客様が「もうちょっと考えたい」とか「他の商品も検討したい」などと、決断を引き延ばそうとされたときには、「どうぞ、もう一度じっくりと考えてください」とお応えするようにしたのです。

ただし、僕は、保険という商品の価値を心の底から信じていますし、お客様の状況に合わせて考え抜いたプランをご提案をしていますから、強くお勧めする気持ちにはいささかの変化もありません。

だから、決断に迷いを感じているお客様をサポートする必要があると考えました。

決断を「誘導」するのではなく、決断を「サポート」するのです。こう言うと、言葉の綾のように思われるかもしれませんが、決断を「誘導」することと、「サポート」することは全く異なります。

重要なのは、決断の主体はお客様であるという原則を死守することです。このポイントを踏み越えた瞬間に、お客様の決断を操作しようとする「誘導」に変質してしまうのです。

「期限」を切ることで、決断思考にスイッチを入れる

では、どのようにサポートしたのか？

例えば、「期限」を切ります。誰でも高額商品の購入には慎重になりますが、あまりに優柔不断に陥ってしまうと、いつまでも決断に踏み切れない事態に陥ってしまうこともあります。保険は加入するのが早ければ早いほど有利ですから、最悪の場合には、お客様が不利な条件で契約せざるを得ないことだってあるわけです。

そこで、「今晩じっくりと考えてください。そして明日にはご連絡くださいね」などと期限を切るのです。

あるいは、「妻ともよく相談してみたい」とおっしゃる場合には、「僕もそうですが、普段、妻とこれからの人生についてゆっくり話し合うことなんてないですから、奥様とじっくり相談されるのはとてもよいことだと思います。ただ、生きている限り、明日になったらまた違う状況が生まれていますから、今晩中に話し合わないと、話し合うことすらしなくなりますので、今晩中にお願いします」などとお話しします。

もちろん、いつでも「明日まで」と言うわけではありません。当たり前のことですが、「期限」はお客様が置かれている状況を踏まえて、ケースバイケースで設定してお伝えします。

重要なのは「締め切り」を設けることです。仕事もそうですが、人間というものは「締め切り」を設定しなければ、あれこれと考えすぎて迷走しがち。「締め切り」を決めることによって、「決断思考」にスイッチが入るのです。

「選択肢」を示すことで、思考を焦点化する

ただし、「期限」を切るだけでは足りません。

「期限」を切ったうえで、「何を考えればいいのか？」「何を決めればいいのか？」を明示してあげることが大切です。

思考の焦点が定まっていないからこそ、お客様は「あれこれ」と迷ってしまうのです。その迷宮から抜け出していただくために、保険のプロとして「問題の要点」を示して差し上げるべきなのです。

そのためには、保険の内容についてコミュニケーションを深める過程で、お客様の反応をよく観察して、どこで迷っているのかを把握しておくことが欠かせません。そのうえで、問題の要点を選択肢で示してあげます。

例えば、「重要なのは、保険料をAとBのどちらのプランでいくかを決めることで

す」とか、「ドルを持つか、持たないかがポイントですね。どちらにするか決めたらご連絡ください」などと伝えるのです。

もちろん、このとき、僕は「保険に入る」ことを前提にお話します。自信をもって組み立てたプランをご提案しているのですから、それは営業マンとしては当然のことです。そのうえで、お客様が熟考すべき「選択肢」を明示することで、正しい決断をサポートしようとしているわけです。**保険に入るか入らないかの選択肢ではなく、保険に入るという土俵の上での選択肢を示す**のです。

こうして、「期限」と「選択肢」というボールをお渡ししたうえで、あとはお客様にお任せします。結局、期限を過ぎてもご連絡をいただけなかったり、最終的に契約を見送ることになるケースもありましたが、クロージングをしていたときよりも成約率が下がることはありませんでした。

しかも、そのような場合でも、ご検討をいただいたことに対する御礼を丁寧に伝えることで、お客様との信頼関係が強化されて、あとになって改めてお声がけをいただだくようなことがたくさんありました。だから、クロージングをすることによって、お客様の不信を買うようなリスクを冒すよりも、こちらのほうが「よほどよい」と確信するようになりました。

「損得」だけで判断するお客様とは、割り切ったお付き合いをする

また、お客様が「他の商品も検討したい」とおっしゃる場合にも、「どうぞ、よく比較してから決めてください」とお伝えしていました。

これは、正直に言って「強がり」です。本当は、「僕を信頼して、僕から保険に入ってほしい」と思っています。だけど、それがお客様の希望であれば、「どうぞ」と言うほかありません。

一方で、こういう腹のくくり方はしていました。

例えば、同じ保険内容で他社からも見積もりを取って、「1円でも安いほうを選ぶ」

とおっしゃるのならば、そもそもご縁がなかったのだ、と。なぜなら、保険というものは基本的に、どの会社から入っても「大差」ないからです。つまり、**「金沢さんから入りたい」と思っていただけるかどうかが、営業マンの勝負なのであって、だからこそ、営業マンという存在に「値打ち」がある**わけです。

にもかかわらず、たかが「1円の差」で他社の保険に入るとおっしゃるのならば、僕という営業マンの存在価値はありません。だから、お客様の価値判断がそういうところにあるのならば、「どうぞ、他社の保険に入ってください」と割り切るようにしていました。

実際、そういうお客様は、他社から「よりよい商品」が売り出されると、簡単に乗り換えます。

もちろん、それは「僕という人間」の魅力が足りないからでもありますから、その点については反省もしますが、「損得」だけを価値判断の軸にされているお客様は、「この営業マンは誠心誠意やってくれるから、なんとか応援してあげたい」などと考えてくれることはありません。だから、こちらも割り切ってお付き合いするのが正解ではないかと思うのです。

第4章

媚びるな、サービスをしろ

20 「配慮」はするが、「遠慮」はしない

「紹介くれくれ」モードは、マイナスにしかならない

僕は、契約をお預かりすると不安になっていました。

もちろん、契約をお預かりしたということは「売上が立った」ということですから、そのこと自体は嬉しいというかホッとできることではあります。

だけど、それは同時に、契約をお預かりできる見込みのあるお客様が一人減ることでもあります。そのお客様から、最低でもおひとりの「見込み客」をご紹介いただけなければ、僕の未来は〝先細り〟していくことになるからです。

だから、僕は、お客様に「紹介」をいただくためにどうすればよいかを、試行錯誤しながら徹底的に考えてきました。ここでは、僕なりに確立したノウハウをお伝えしたいと思います。

まず、お客様に紹介依頼をするタイミングですが、これは、当然のことながら、契約をお預かりした後ということになります。僕は、保険証券を直接手渡しするようにしていましたが、そのときに、契約内容の最終確認をさせていただくとともに、しっかりと感謝をお伝えしたうえで、紹介を依頼するようにしていました。

ただし、ここで「紹介くれくれ」モードでプッシュするのは最悪です。一定の信頼を勝ち得ることができたからこそ、契約をお預かりできたわけですが、だからと言って、いきなり「くれくれ」と言われれば、誰だって気持ちが萎えてくるからです。

そもそも、お客様にとって、知人を保険の営業マンに紹介するのは、ものすごくタフなことだと思います。

それでなくてもお客様は忙しいのですから、知人に連絡を取る手間すら負担に感じられるはずです。それに、**「営業マンに会ってもらえないか？」**と、お客様が依頼を**する立場にたつわけですから、精神的な負荷もかかります。**

しかも、その営業マンの対応いかんによっては、大切な知人との関係性を傷つける可能性すらあるのですから、できれば紹介せずに済ませたいというのが本音のはずなのです。

そうしたお客様の気持ちを踏まえれば、「紹介くれ」とプッシュするのが、マイナスにしかならないのは当然のこと。お客様に紹介をお願いするときには、まずこの点をしっかりと認識することが欠かせません。

真正面からお客様にお願いする

それでも、紹介をいただけなければ営業マンが生きていけないのも、嘘偽りのない現実です。

だから、僕は、その現実をお伝えして、「ご紹介をいただきたい」と率直にお願いをしていました。紹介を依頼されたお客様の気持ちに「配慮」しながらも、余計な「遠慮」はしないようにしていたのです。

図々しいと言えばそのとおりですが、僕の心の底からの願いなのですから、それを「自己開示」することを躊躇する理由もありません。それに、**きちんと相手に対する「配慮」を示すことができれば、「心からのお願い」を失礼に思う人はいません。**

僕は、だいたいこんなふうに、「紹介」のお願いをしていました。

「僕は、○○さんの保険の担当として、これからも長くお付き合いさせていただきたいと思っていますが、僕はフルコミッションの営業マンなので、次のお客様に繋がっていかないとこの仕事を続けることができません。だから、ぜひ、お知り合いの方をご紹介いただきたいんです。

正直、厳しい仕事ですが、僕は、保険というものを通じて、お客様の大切な人生のお役に立てることに、ものすごいやりがいを感じていますし、いろいろな方々とご縁をいただけるのを心から楽しんでいます。

僕は、保険を売りたいとは思っていません。

ただ、僕自身、保険というサービスに助けられたことがあるんで、ご紹介いただいた方の助けになるような情報をお伝えしたいんです。保険に入るかどうかはお客様が決めることなので、僕の仕事は有用な情報をお伝えすることだけです。

でも、僕が街中で声をかけても、普通の人は保険の話なんて聞いてはくれません。だから、会うまででいいので、○○さんの力を貸していただきたいんです」

「頑張っている姿」を効果的に見せる

このようにお願いをすると、多くのお客様は「なんとか力になってあげたい」と思ってくださいました。ただし、おそらく次の二つの条件を満たしていなければ、そうは思ってくださらなかったと思います。

第一の条件は、僕が学生時代の「挫折」を乗り越えるために、そして、TBSという〝看板〟に頼らずに生きていける人間になるために、「日本一の営業マンになろう」と必死になっていることに共感をしてくださっていることです。

だからこそ僕は、お客様との面会のなかで、日中は営業に駆けずり回り、夜中まで会社でコツコツと仕事をして、寝袋にくるまって会社に寝泊まりするなど、必死になって頑張っていることを折りに触れて「自己開示」してきました。

また、**次回のアポイント調整をするときには、手帳の中身をわざとお見せしていました。**ぎっしりと予定の書き込まれた手帳をお見せすることで、アポイントを直前に変更するのは僕にとって〝酷〟なことであると認識していただくとともに、「こいつは本当に頑張っている」と認識していただくためでした。

あるいは、僕は、**夜中にお客様のメールを用意しても、すぐに送るのではなく、わざと真夜中の2~3時に送ったり、早朝の6~7時に送るようにしていましたが、それも、僕が頑張っている様子を効果的に見せるためでした。**

もちろん、これらはあくまで「演出」にすぎません。当たり前のことですが、お客様と心のこもった丁寧なやりとりを徹底したり、保険プランの提案書をしっかり作り込んだり、お客様のご要望などに誠実に対応したりするなど、目の前の仕事をコツコツとやり続けることでこそ、その「演出」は生きてくるのです。

お客様は、営業マンの言動に敏感です。

特に、生命保険のように高額な買い物をされるときには、営業マンに対して警戒心を持ちながら接するものです。営業マンの言動に、わずかでも矛盾やごまかしがあれば、それを敏感に嗅ぎ取って距離を取り始めます。だから、**とにかく愚直に仕事に向き合うことこそが、何よりも大切**だということです。

そして、そうだからこそ、お客様が「こいつは本当に必死で頑張っている」と認めてくださったときには、「なんとか力になってあげたい」と心から思ってくださることが多いとも言えます。

特に、ご自身が必死で頑張って何事かを成そうとしている、あるいは成し遂げたような方は、全力で応援してくださるケースが多かったように思います（そういう方は、こちらの「本気度」を評価する目も厳しいですが……）。

「紹介」を躊躇される場合には、潔く引き下がるのが正解

第二の条件は、**絶対に「売ろう」としない**ことです。

すでに述べたように、お客様が「紹介」を依頼されていちばん心配なのは、営業マンの振る舞いによって、大切にしている知人との関係を傷つけるような事態を招くことです。たとえ、「なんとか力になってあげたい」と思っていただけたとしても、その不安が少しでもあると「紹介」を躊躇するのは当然のことなのです。

もちろん、そのお客様は、僕に対する信頼をベースに契約してくださったわけですが、「紹介」を依頼されると、改めて、これまでの僕の営業マンとしての振る舞いを思い返して、「彼に知人を紹介しても、本当に大丈夫か？」と厳しくチェックされるはずです。

そして、この時点で営業マンにできることはありません。

それまでの振る舞いがどうだったかがすべてなのです。

例えば、改めて振り返ると、お客様は「自分は目をつぶって契約したけれど、ちょっとクロージングは強引だったな……」と思われるかもしれません。あるいは、「もういいやと思って契約したけれど、本当のところは100%納得しているわけじゃない。なんとなく誘導されたような感じもするな……」と思われるかもしれません。

そんな感覚を持たれてしまえば、僕がいくら「保険を売りたいとは思っていません。保険に入るかどうかはお客様が決めることなので、僕の仕事は有用な情報をお伝えすることだけです。ぜひ、ご紹介いただけませんか？」と訴えても、お客様には虚しく響くだけでしょう。

だから、営業のあらゆる局面で、とにかく「売ろう」という気持ちを捨てて、ひたすらお客様の役に立つ情報の提供に徹することが重要です。たとえ、目の前の「売上」が立ったとしても、そのお客様から「紹介」をしていただけなければ、営業マンは生きていけないことを、決して忘れてはいけないのです。

そして、もしも、お客様が「紹介」に躊躇されているならば、しつこくしては絶対にダメです。

そんなことをしては、せっかく築くことができた、契約をお預けいただけるだけの信頼関係すらも傷つけてしまうでしょう。そのような場合には、こちらの営業スタイルに至らない点があったのだと反省したほうが次につながります。

お客様との信頼関係を損なわなければ、いずれ、身近な知人で保険ニーズをもつ人が現れたときなどに、「彼に紹介してあげるといいかもしれない」と思い出してくださる可能性は残ります。**「目先の利益（紹介）」を得るために焦るよりも、長期的な視点でお客様との信頼関係を育てていくことを優先するのが正解**なのです。

21 お客様の「心理的な負荷」を最小化する

紹介していただくのは「一～二人」で十分だと伝える

お客様にとって、営業マンに知人を「紹介」するのはタフなことです。

そのハードルを超えるためには、それまでの営業プロセスにおいて、「この営業マンを応援したい」と思っていただくとともに、「この営業マンならば、紹介した知人に失礼なことはしないだろう」と安心していただく必要があります。

これは小手先のノウハウでどうにかなる問題ではなく、営業マンとしての「あり方」そのものが問われているのだと思います。そして、この二つのポイントをクリアできていれば、ほとんどのお客様は「なんとか力になってあげたい」「紹介してあげてもいいかな」という気持ちになってくださるはずです。

ただし、「紹介してもいいよ」とおっしゃっても、それが必ずしも本心からの言葉でないこともあるので注意が必要です。

お客様にとってみれば、紹介を断ることにも心理的な負荷がかかりますから、〝その場しのぎ〟で「紹介してもいいよ」とおっしゃることがあるのです（営業マンは、そういうお客様の心理にも配慮する必要があるということでもあります）。

僕の経験から言えば、**20〜30人くらいのお名前と電話番号をバーッと教えてくださるようなお客様に限って、紹介してくださったはずの方々と実際に繋げてくださることは少ない**ものです。

例えば、個人情報の問題もありますから、必ず、お客様本人から紹介してくださる皆様に一報を入れていただいて、僕からその方々に連絡がいくことに対してOKを取り付けておいていただく必要があるのですが、「いや、いいですよ。電話かけちゃってくださいよ。そのかわり、僕の名前は言わないでくださいね」などとおっしゃる方がいます。

あるいは、「わかりました。じゃ、僕から連絡しておきますね」と言っておきながら、その後、僕が何度確認しても、ご紹介してくださるはずの方々に連絡していないお客様もいらっしゃいます。これでは、僕としては一歩も前に進めないわけです。

だから、**僕は、「ご紹介いただくのは、一人か二人で大丈夫です。本当に大切な方をご紹介いただきたいんです」とはっきり伝えるようにしていました。**そのようにお伝えすると、ほとんどのお客様は、「いい加減な対応ではダメなんだな」と思ってくださいます。

なかには、僕のそうした要望を負担に感じられるのか、途端に口が重くなってしまう方もいらっしゃいますが、その場合には、しつこくお願いするのは避けたほうがいいでしょう。お客様から嫌われるだけですし、たとえ紹介していただけたとしても、〝その場しのぎ〟の域を出ることはほとんどないからです。

紹介してほしい「人物像」を明確に伝える

そして、真剣に考えてくださるお客様とは、コミュニケーションを深めていきます。

ただ、ここですぐに紹介してくださる方の名前が出てくる人はほとんどいらっしゃいません。ほとんどの方は、「う〜ん……」と言いながら考え込まれます。それは決して悪い兆候ではなく、それだけ真剣に人選をしてくださっている証拠。だから、僕は、その思考をサポートするように心がけていました。

その際に、効いてくるのが、それまでの面会でヒアリングしてきたことです。

たとえば、そのお客様の家族構成についてお話を伺ったときに、お父様が経営者であったり、お医者さんであることがわかっている場合には、「相続問題」で保険が活かせる可能性がありますから、「お母様をご紹介いただくことはできませんか？」と投げかけてみるのです。

ちなみに、「お母様」というのは誤植ではありません。相続のことを息子から父親に直接話すのは非常にハードルが高いので、まずは母親とお目にかかって、母親から父親に話していただくほうが成功確率が高いのです。一番強いのは、娘さんとお母様がタッグを組んで父親に話すことで、これができれば父親は必ず動きます。

あるいは、進学校に通っていた方であれば、「同級生に弁護士や医師になられた方はいらっしゃいませんか？」と聞いてみるのもいいし、学生時代に野球をやっていた方ならば「野球部の同級生で仲のよかった方はいらっしゃいませんか？」と聞いてみるのもいいかもしれません。

このように、僕は、こちらが紹介してほしいと思っている人物像を具体的にお伝えするようにしていました。少し図々しいように感じられて気後れする人もいるかもしれませんが、そんなことはありません。

なぜなら、お客様は「なんとか力になってあげたい」と思ってくださっているのですから、こちらの希望を明確にお伝えするのはむしろ望ましいことだと思います。しかも、お客様が紹介候補者を絞り込みやすくなるのですから、妙に遠慮せずにこちらから「ボール」を投げていくほうがよいのです。

いきなり「連絡先」を聞かずに、お客様の「ウォーミングアップ」をする

ただし、お客様が具体的な名前を出してくださっても、いきなり連絡先は聞かないほうがよいでしょう。

もちろん、こちらが欲しいのは連絡先ですが、お客様にとって大切な知人の個人情報ですから、そう簡単には口にされません。にもかかわらず、急かすように連絡先を聞かれると、「うーん、やっぱりやめとこうかな……」という展開になりがちです。

そこで、僕は、「ありがとうございます。ぜひ、お目にかかってみたいです」とお礼を伝えたうえで、名前が出た方について質問をするようにしていました。

例えば、その方が高校時代の野球部の同級生であれば、「ポジションは何だったんですか?」「どちらの大学に行かれたんですか?」「いまはどちらにお住まいなんですか?」「食事は何がお好みですか?」などと質問を重ねていくのです。

そして、「なるほど、すごくいい方ですね」などと前向きな反応をしながら、教えていただいたことをどんどん手元の手帳に書いていきます。このプロセスを経ることで、僕自身も紹介していただく方のイメージがどんどん明確になりますし、「ぜひ、お会いしたい」という実感も深まっていきます。

しかも、お客様にとっても、実際に紹介するためのウォーミングアップになるのか、いろいろな質問をしたうえで、最後に「ぜひ、その方とお会いしたいです。連絡先を教えていただけませんか？」とお願いすると、ほとんどの方がすんなりと教えてくださいました。

メールの「定型文」をお客様に送っていただくだけ

こうして、連絡先を教えていただけたら、「金沢という営業マンから連絡してもいいか？」と、ご本人から直接確認していただくようにお願いします。

すでに述べたように、ここで紹介がストップするケースがあるので、非常に重要なポイントです。そして、お客様のご負担を最小限にするために、僕は、電話ではなくメールで確認していただくようにしていました。

というのは、電話での連絡はお客様への負担が大きいからです。

そもそも、親しくしている知人が相手とはいえ、いきなり「保険の話、聞いてみない？」と電話するのは難しいものです。仕事でもないのにそれができる人は、多分、すごく優秀な営業マンになれると思います。そのくらい心理的な負担が大きいことを、お願いするのは忍びないと考えたのです。

そこで、**僕のほうで、「金沢さんという生命保険の営業マンと会ってみないか？とても役に立つ情報を教えてくれるから、会って損はないよ」といった内容の定型文を用意して、「このメールを、ご紹介いただける方に送っていただくだけで大丈夫です」とお願いする**ようにしたのです。

これは非常に効果的でした。

お客様にすれば、電話で何を話すかを考える手間も省けるし、相手の方から「会ってもいいよ」というメッセージが来たら、僕をCCに入れて「ありがとう。金沢さんをCCに入れたから、あとは直接やりとりしてください」などと返信すれば完了。**お客様の心理的な負担を最小化できる**わけです。

それに、保険営業の〝素人〟であるお客様に電話で説得していただくよりも、僕が練り上げたメール文のほうが「成功確率」も高いはずです。こうして、電話からメールに切り替え、その後は、LINEやメッセンジャーのグループ機能を使って、お客様からの紹介案件を着実に増やしていくことができるようになったのです。

どんなときでも「感謝」をすることが「資産」をつくってくれる

とはいえ、メールに切り替えてからも、「紹介してもいいよ」と言いながら、結局のところ、アクションを起こしてくださらないお客様はいらっしゃいました。

当初は、それですごく嫌な気持ちになっていました。営業マンにとって「紹介」していただけるかどうかは死活問題なので必死でしたし、そのお客様に対して誠心誠意を尽くしてお付き合いさせていただいたにもかかわらず、いい加減な対応をされて〝軽んじられた〟ような気がしたからです。

だけど、あるとき「それでも感謝しなければいけない」と気づきました。

なぜなら、そもそもお客様が僕に紹介を出す必要性も義理もないからです。にもかかわらず、**僕の要望に多少なりとも応じようとしてくださった。それだけでも、本当にありがたいこと**なのです。

だから、どんな結果になろうとも、僕は、すべてのお客様に、「お気持ちだけでも、ありがたい限りです」と感謝の気持ちを伝えるようになりました。そして、「また何かありましたら、ぜひおっしゃってください」と伝えておくと、本当に、半年後、1年後に、「やっと紹介できる人が見つかりました」と連絡が来たりするのです。

そのような経験をしながら、僕は、「これが資産をつくるということなんだな」「営業とは、こういうことなんだな」ということを学んでいったのです。

22 「愛嬌のある図々しさ」を身につける

「愛嬌のある図々しさ」こそが、営業マンに欠かせない資質である

営業マンは図々しくなければ生きていけません。

お客様に紹介をお願いするというのは、その最たるものです。お客様には僕に大切な知人を紹介する義理などありません。にもかかわらず、営業マンは「紹介してほしい」とお願いしなければならない。その意味で、営業マンにとって、図々しさは重要な資質なのです。

ただし、図々しいだけでは、もちろんダメです。

当たり前のことで、単に図々しく「自分の都合」を押し付けるような営業マンが、お客様に相手にしてもらえるはずがありません。「この営業マンは図々しいことを頼んでくるけれど、なんか憎めないんだよな。ちょっと力を貸してやろうか」というふうに思ってもらえる「愛嬌」が欠かせないのです。

ところが、この「愛嬌」というのが難しい。

辞書を引くと、「接すると好感を催させる柔らかな様子」「にこやかで、かわいらしいこと」「ひょうきんで、憎めない表情・しぐさ」などと書かれています。

しかし、そのように思われることを狙って、そのような表情・しぐさをしようとしても、そこには「不自然さ」しか生まれませんし、場合によっては、そこに「いやらしさ」が滲み出てしまうものです。**「愛嬌」を意識的に出そうすると、その姿を消してしまうのが「愛嬌」というもの**なのでしょう。

「愛嬌」を生み出しているのは思考法である

では、「愛嬌」とは生来のものなのでしょうか？

たしかに、「愛嬌」を生まれ持ったような人物がいるのは事実だと思います。小学生の頃から、元気で、にぎやかで、その人がいるだけで場所が明るくなるような性格の人っていますよね？　そんな天性の「愛嬌」を持っている人が、営業マンとして活躍しているのも否定しがたいことです。

だけど、一方で、おとなしくて、どちらかというと陰性で、声を出して笑うようなことも少ないけれど、多くのお客様に愛されて、驚くほどの売上を上げている営業マンもたくさんいます。率直に言って、彼らが「愛嬌」のある性格を備えているとは思えません。だけど、そんな彼らも図々しいお願いをしながら、多くのお客様に愛されているのです。

だから、僕は**「愛嬌」というものは後天的に育てることができる**ものだと思っています。

そして、僕は、これまでいろいろな人を観察してきましたが、その鍵を握っているのは「思考法」ではないかと睨んでいます。**今置かれている状況のなかで、みんながハッピーになれることを考える。そんな「思考法」を心がけている人は、どんな性格であるかを問わず、自然と「愛嬌」が備わってくる**ように思うのです。

身内の話を持ち出すと、手前味噌に思われるかもしれませんが、僕の妻はその典型だと思っています。

彼女は、どちらかと言えば、僕とは真逆で自ら前に出ていくタイプではなく、ことさらにはしゃぐようなところもありませんが、いつもニコニコしています。彼女の、その穏やかな表情にいつも助けられていますし、なぜ、あんなに自然に微笑むことができるんだろうと、学ばせてもらってもいるのです。

そして、いつも感心させられるのは、彼女の物事の捉え方です。

例えば、こんな話があります。

ある夏のこと、僕抜きで、妻と子どもたちが、妻の両親たちのいる避暑地に旅行に行ったときの話です。

東京に帰るときに、おみやげを買い込むのに時間がかかって、新幹線に乗り遅れそうになったのだそうです。それで、大きな荷物を抱えて、あたふたとしながら新幹線に乗り込んだのですが、ピシッと閉まったドアを振り返ると、ホームに荷物を置き去りにしていたのが見えたのだと言います。


妻ももちろん最初は、「あちゃー」と顔をしかめたそうです。

その妻の様子に気づいて、小さい子どもたちも不安そうな表情に変わります。

僕がそこにいたら、「誰や、忘れたんは?」「何やっとんねん」とでも言っていたかもしれません。

ところが、ここで妻は、にっこりと笑って**「荷物でよかったね。みんなを置き去りにしてたら、大変だったよ」**と言いました。それで、みんな「ほんとだね。よかった、よかった」と大笑い。このエピソードは、もはや我が家のネタになっています。

長期間にわたって好成績を収める営業マンに共通していること

あるいは、こんなこともありました。

ある朝、妻から「今日は用事があるから、私に車を使わせてもらってもいいかな？」と声をかけられました。僕は、「ええで」と返事をしたのですが、出掛ける準備でバタバタしているうちにすっかり忘れてしまって、いつもの習慣で車に乗って出掛けてしまったのです。

もちろん、しばらくしたら妻から「お怒り」のＬＩＮＥが届きました。１００％僕が悪いので、あわてて妻に電話をして平謝りしました。すると、妻はケロッとしていて、「もういいよ」と言います。「なんでや？　困るやろ？　すぐにレンタカーを手配するから待っててくれへんか？」と言うと、妻はこう応えたのです。

「ううん、もういいの。今日は、私、車で出掛けないほうがよかったんだよ。きっと、車で出掛けてたら、事故とかしてたんじゃないかな。でも、これからは気をつけてね」

帰宅してから、もう一回「今日はごめんな」と謝りましたが、妻はいつもと変わらない笑顔で「もういいって言ったでしょ」と応えるだけ。そんな様子に僕もホッとして、ふたりで笑い合って一件落着となりました。

これが、僕の妻の「思考法」です。

まったく頭が下がります。何があっても、妻が感情的になっている姿を見たことがありません。誰かを責めたりすることもなく、いつも、**置かれた状況のなかで「いいこと」を見つけて、プラス方向にモノを考える。**そして、みんながハッピーになるようなことを考えて、相手を笑顔にさせることに喜びを感じる。そういう「思考法」が一貫しているのです。

僕は、これが大切だと思います。

こういう「物事の捉え方」「思考法」ができれば、自然と周囲の人々が笑顔になり、本人も笑顔に囲まれることでハッピーになれる。そこに、「愛嬌」が生まれるんじゃないかと思うのです。

実際、一時的に好成績を収めるだけではなく、長年にわたって好成績を上げ続けている営業マンは、みんな自然な笑顔をもっています。そして、同僚からも、お客様からも愛されている。

それは、**いつも「みんながハッピーになれる」ためにはどうすればいいかを考えているから**ではないでしょうか？　だからこそ、図々しいことをお願いしても、それを受け入れて「力を貸そう」という人が現れるのだと思うのです。

23 媚びるな、サービスをしろ

お客様とは「対等」な信頼関係を築かなければならない

「この靴を舐めたら、1億円の契約をしてあげる」

そう言われたら、皆さんはどうするでしょうか？

「1億円」と言われたら、誰でも心が動くと思います。もちろん、僕も喉から手が出るほどほしいです。だけど、僕は、いくらお金を積まれても、絶対に靴は舐めません。

これは、僕なりの「鉄のルール」です。

ただし、僕は、「靴を舐める人」のことを否定はしません。「靴を舐める」のには覚悟が必要で、それができる人というのは、「結果」を出すために本気で仕事に向き合っていると思うからです。むしろ、「靴を舐める人」を嗤《わら》うような人がいれば、その人のことこそ僕は否定するだろうと思います。

だけど、僕は絶対に靴は舐めません。

なぜなら、僕は「目先の売上」を追求するためではなく、お客様との「信頼関係」という資産」を積み上げるために働いているからです。そのような「資産」を築くためにコツコツと頑張れば、「結果」は必ずついてくるのです。

そして、**「信頼関係」とは、お互いにリスペクトし合う対等な関係性のこと**であるはず。であれば、たとえ「結果」を出すためであったとしても、「靴を舐める」ようなことをするべきではありません。だから、僕は、そのようなことを求めるお客様とは、お付き合いをやめるようにしてきました。

例えば、ある時、知り合った裕福な方から大型のご契約のお話をいただいたことがありました。契約保険料は、年間4000万円と高額です。もちろん営業マンとしては何としてでもお預かりしたい契約です。しかし、契約に向けて話を進めている時、こんな電話をいただいたのです。

「知人と飲むから、今すぐおいでよ」

しかし、あいにく僕にはお客様とのアポイントがありましたので、今すぐにお伺いするわけにはいきません。そこで、「申し訳ありませんが、予定があるので今すぐお邪魔することはできません」とお伝えすると、その方はこうおっしゃったのです。

「君、営業マンでしょ？　4000万円の契約ほしくないの？」

ぶら下げられた〝エサ〟に食い付いてはならない

まるで、「4000万円」という〝エサ〟をぶら下げるような物言いでした。

たしかに、「4000万円の契約」は僕にとってとても大きなものです。しかし、それはあくまでも僕の都合。そのために、アポイントをいただいていたお客様の予定を変更して、ご迷惑をおかけするのはたいへん身勝手なことです。

それに、営業マンになってから、なかなかアポイントを取ることができず、新しいお客様とお会いできることがどれだけありがたいことかが身に染みていました。これは、契約金額の大小の問題ではありません。だから、**「4000万円」のために、お客様との約束を反故にするような営業マンになってはいけない**と思いました。

しかも、おそらく、その富裕層のお客様は、周囲の人々に対しても〝エサ〟をぶら下げるようなことをしているのではないでしょうか？

もしもそうだとしたら、その方からご紹介いただいた新規のお客様も、〝エサ〟に群がっているだけの人である可能性が高い。そのような方は、〝エサ〟を手放さないために、僕から保険に入ってくださることはあるかもしれませんが、さらにお客様を紹介いただけるまでのことはしないでしょう。そこまでの義理があるとは、とても思えません。

そのように考えると、その富裕層のお客様のぶらさげた〝エサ〟に食いついても、そこから世界が広がっていくイメージはどうしても湧いてきませんでした。

むしろ、その富裕層のお客様は、一度〝エサ〟につられた僕に対して、同じことを何度も要求するようになって、他のお客様にご迷惑をおかけすることが増えていくに違いありません。その結果、僕が蓄積すべき「信頼関係という資産」がどんどん少なくなっていくことになれば、長期的に見れば、「4000万円」をはるかに超える損失が発生することになるでしょう。

だから、僕は、後日、その「4000万円の契約」はお断りしました。

そのお客様はたいへん驚いて、「4000万円をどぶに捨てるつもりか?」とおっしゃいましたが、「ええ、構いません」とお応えすると絶句されていました。

正直に言えば、「惜しいことをしたな……」という未練がましい気持ちがなかったわけではありません。そして、その気持ちを無理矢理に抑えつけて、「お断りします」とはっきりと口にするのは少々勇気がいりました。

なぜ、それができたのか?

決して、僕が高潔な人間だからではなく、僕が圧倒的な「母数」のお客様にアプローチしていたからです。だからこそ、「4000万円は惜しいけれども、一生懸命に頑張れば必ず挽回できる」と信じることができたのです。

もしも、**そのとき僕が「母数」を確保していなければ、「4000万円」を手放すのが怖くて、ぶらさげられた〝エサ〟に食い付いていたかもしれない。**その意味で、「母数」を確保しておくことは、営業マンとしての「強さ」を生み出してくれることでもあるのです。

媚びるな、サービスをしろ

僕は、これまでに何度も同じようなケースで、「お断り」をしてきました。

最初は勇気がいりましたが、こういう経験を重ねて慣れてくると、どうということもありません。むしろ、そのような経験を繰り返すことで、営業マンとしての「軸」が定まり、自信も深まっていったように思います。

そして、僕は、こう自分に言い聞かせてきました。

お客様に媚びるな、サービスをしろ、と。

一見すると、「媚び」と「サービス」は同じように見えることもありますが、これらは似て非なるものです。「媚びる」とは、「相手に気に入られようとしてご機嫌をとること」であり、「サービス」とは、「誰かのために何かを行うこと、他者の助けになること」です。この違いを明確に意識することが、営業マンにとってきわめて重要なことだと思うのです。

「媚びる」のは上下関係が前提となって行われる言動です。

お客様が「上」で、営業マンが「下」。そして、上位にあるお客様のご機嫌をとるために、下位にある営業マンが「自分を捨てる」という含意があると思います。

たしかに、砂漠で喉の乾いた人に「水」を売るような場合を除いて、営業マンの立場は弱いものです。会社によって大差のない生命保険のような商品を売る場合はなおさらそうです。全国で約120万人もの保険営業マンが登録されているなかで、お客様から契約をお預かりするためには、お客様に気に入られるために「媚びる」誘因が働くのもやむを得ないことかもしれません。

しかし、それは営業マンの価値を下げるだけです。

そうではなく、営業マンは「サービス」をすべきなのです。「お客様のためによいこと」「お客様の助けになること」は何かを自分の頭で徹底的に考えて、それを自分にしかできない方法でご提供する。そのような「サービス」を提供できる人間になれば、お客様は「金沢さんとは付き合っておいたほうがいいな」「保険に入るなら、金沢さんから入ろう」と思ってくださるはずなのです。

つまり、「媚びる」ために自分を捨てるのではなく、「サービス」をするために自分を磨くことが大切だということです。自分を磨き上げることによって、営業マンとしての価値を高めることで、お客様と対等な関係を築くことこそが、僕たちの活路を拓いてくれるのです。

24 「ご縁」をつなぐと、「ご縁」が広がる

お客様の「望み」を叶えるために、役に立つことをすればいい

営業マンは、お客様に「媚びる」のではなく、「サービス」をするのが仕事です。
そして、自分にしかできない「サービス」を提供できる存在になることができれば、「金沢さんとは付き合っておいたほうがいいな」「保険に入るなら、金沢さんから入ろう」と思ってもらえるようになります。そのために、自分を磨くことこそが、営業マンに求められていることなのです。

では、どのような「サービス」をすればいいのか?

非常にシンプルなことです。**お客様が望んでいることを叶えてあげたり、お客様が困っていることを解決してあげればいい**のです。これこそが「サービス」であり、これができれば、どんなお客様であっても、必ず、その営業マンを大切な存在として認めてくれるようになります。

そして、そのような「サービス」をするためには、第一に、お客様が「何を望んでいるか？」「何に困っているか？」を把握する必要があります。

そこで大事なのが、面会のときのお客様とのコミュニケーションです。生い立ち、家族、仕事、趣味などさまざまなことについて、お客様と語り合うなかで、「何を望んでいるか？」「何に困っているか？」を掴みとる必要があるのです。

ただし、そうしたことを無理に聞き出そうとするのはNGです。「あなたの望みは何ですか？」「何に困っていますか？」などと質問するのは、いかにも不自然です。そんなことをしても、営業マンが土足で心の中に入ってこようとしているように思われて、お客様が心を閉ざしてしまう結果を招くだけでしょう。

それよりも、営業マンが「自分の夢」や「自分の課題」を自己開示することが大事です。その自己開示に共感をしていただければ、お客様も自然と心を開いてくれるようになります。そして、お客様のお話に真摯に耳を傾けていれば、「望み」や「課題」を語っていただけるようになるのです。

「人と人をつなぐ」のが、営業マンの最大の「サービス」である

お客様の「望み」や「課題」を知ることができたら、次にどうするか？

もちろん、営業マンが自分の力で貢献できることがあれば、それをやってあげればいいのですが、営業マンがひとりでできることなどたかが知れています。

ここで活きてくるのが、営業マンが日頃培っている、さまざまなお客様との「人間関係」です。**お客様の「望み」を叶え、「課題」を解決できる人を紹介してあげればいい**のです。つまり、「人と人をつないでいくこと」こそが、営業マンができる最大の「サービス」なのです。

例えば、こんなことがありました。

ある人物から紹介されて、大阪の女性税理士にお目にかかったのですが、いろいろなお話をするなかで、その方が、高校野球の大ファンであることがわかりました。そのときにピンときました。僕の知人である野球選手を紹介してあげれば喜んでくれるはずだ、と。

しかも、ちょうどその頃、大学野球で大活躍をしてプロ球団に入ったばかりの野球選手から、「プロ選手になったので、お金の管理をしてくれる人を紹介してほしい」という相談をされていました。そこで、その野球選手を女性税理士に紹介すれば、双方から喜んでもらえると考えたわけです。

その狙いは、完璧にはまりました。

女性税理士からは、「自分が大好きな野球の、しかもプロ野球選手の顧問税理士を任せていただけるなんて夢のようです。全力でサポートさせていただきます」と最大級の感謝をいただきましたし、プロフェッショナルな税理士から全力のサポートを約束された野球選手も大喜びしてくれました。

おふたりの「夢」と「課題」を知る立場にあった僕は、ふたりを結びつけることで、「夢」を叶えるとともに、「課題」を解決するという「サービス」をすることができたわけです。

「ご縁」をつなぐと、自然と「ご縁」は広がる

話は、これで終わりません。

実は、その女性税理士から、「弟に会ってほしい」という依頼を受けたのです。

それは、僕に大きなチャンスをもたらす紹介でした。というのは、その税理士さんのご実家が大阪にある老舗の会社で、弟さんがその会社の後継社長だったので、大きな保険サービスに加入するニーズをもっている可能性があったからです。

その後、弟さんとお目にかかり、高額の契約をお預かりすることになったのですが、それが、僕が初年度で「日本一」の成績を上げるうえで大きな意味をもつことになるとは、僕自身、思いもよらないことでした（その経緯は、あとで詳しくご紹介しま

す）。

このようなケースは、その後もいくつも経験してきました。

お客様の「夢」を叶え、「課題」を解決する。そのような「サービス」を実行することによってこそ、お客様に「この人から、商品を購入しよう」と思っていただける営業マンになることができます。

そして、そのような「サービス」をするためには、仕事を通じて培ってきた「ご縁」を活かしながら、「人と人を結びつける」ことが不可欠です。なかには、自分が苦労してつくってきた「ご縁」を、他者に提供するのを拒む人もいますが、それは完全に誤った思考法です。

誰かの「夢」を叶え、「課題」を解決するために、自分が持っている「ご縁」をつなげばつなぐほど、「ご縁」は広がっていく。それが、僕たちが生きている世の中の「法則」なのです。

第5章

結果は「出す」ものではなく、「出る」ものである

25 コツコツ努力する人が最後は勝つ

仕事は「要領よく」やるものである

仕事に「要領のよさ」は必要です。

辞書を調べると、要領とは「物事を上手に行うコツ」と書いてあります。すなわち、要領とは「できるだけ少ない労力で、より大きな成果を得るコツ」と言ってもいいでしょう。つまり、「要領よく仕事をする」とは「生産性の高い仕事をする」と同義ということですから、ビジネスパーソンが追求すべき重要なものです。

そして、僕はわりと「要領のよいタイプ」です。

TBS時代もそうでした。入社後すぐに担当するAD（アシスタント・ディレクター）の仕事はかなりハードで、制作現場で〝使いっ走り〟を徹底的にさせられて、帰宅することはおろか、ろくに寝ることもできないような状況で、1週間靴を脱がないことも珍しくありませんでした（今は、そんなブラックな状況は改善されています）。

まさに、体力勝負の仕事。幸い僕はアメフト部で身体を鍛え上げていましたから、元気に仕事をこなしていましたが、それでも、要領よくやらないとキツいのでいろいろと知恵を絞ったものです。


例えば、ADは〝使いっ走り〟ですから、ディレクターなどに「おい、タバコ買って来い」などと顎《あご》で使われます。それで一生懸命走ってタバコを買ってきたら、「遅いんだよ」なんて言われる。しかも、ある人のタバコを買ってきたと思ったら、別の人から「タバコ買ってこい」と命じられる。正直、そんなの「やってられるか」となるのも当然ですよね。

そこで、僕は、ディレクターが吸っている銘柄のタバコをカートンで買ってきて、ロッカーに入れておくことにしました。そうしとけば、「買ってこい」と言われたら、ロッカーからとってくればいいだけ。楽ちんだし、ディレクターからは「おぉ、お前すげえな」なんて評価もされるわけです。

「あいつは使えるヤツ」と印象づけるコツとは？

あるいは、こんな工夫もしました。

番組本番が近づいてくると、ＡＤは徹夜続きになります。

その結果、真面目に頑張って〝完徹〟してしまうようなＡＤほど疲れ切って、いちばん重要な本番真っ最中に〝寝落ち〟してしまったりします。そして、これがいちばんマズい。普段どんなに真面目にやっていても、本番で使えないとアウト。ディレクターから評価してもらえないわけです。

その点、僕は要領がよかった。

「ちょっと素材探しに行ってきまーす」とか言って、あらかじめ何箇所か見つけておいた〝寝場所〟に行って、10～15分くらいパッと寝てしまうのです。そうやって細かい睡眠をちょこちょこ取りながらやっていると、徹夜続きでも本番で元気でいられますから、上司や先輩からは非常に重宝がられる。「あいつは使えるヤツだ」と思ってもらえるのです。

そして、上司や先輩から重宝がられたことが、テレビ局の意思決定の部署である「編成部」への異動につながりました。

いや、実は当時、僕は不満でした。〝同期入社組〟が次々とディレクターに昇進していくなかで、僕だけいつまでも「チーフAD」のままだったからです。あとで知ったことですが、僕をチーフADにしておくと現場がうまく回るから、上司や先輩が手放してくれなかったのです。

だけど、これがよかった。チーフADは編成部をはじめ社内のさまざまな部署と密接なやりとりをする立場なので、長年チーフADを務めたことで編成部の人々とも親密な関係になることができたからです。

そして、仲のいい先輩が編成部に異動になると、編成部長と一緒にご飯を食べにいく機会をつくってくれたりして、僕をガンガン売り込んでくれました。それで、「編成部」に引っ張ってもらうことができたのです。

「コツコツ頑張っている人」のことを神様はちゃんと見ている

このように、僕は「要領のよいタイプ」で、そのおかげで重宝がられることによってチャンスを掴んできたように思います。だから、どうせ仕事をするなら、要領悪くやるよりも、要領よくやったほうがいいと思っています。

だけど、僕は、「要領のよさ」には限界があることも思い知らされてきました。結局、**最後に勝つのは「要領よくやる人」ではなく、「コツコツと努力する人」である**ことを身をもって学ばされてきたのです。

受験もそうでした。

僕は、学生時代、「テストで点を取る要領」に長けていたと思います。

基本的に授業もあまり聞かず、ノートを自分で取るようなこともほとんどなく、テスト前に優秀な友人から「上手にまとめたノート」をコピーさせてもらって、一気に頭に叩き込んでいました。おかげで〝ガリ勉〟をすることなく、まずまず「よい点数」を維持し続けていたのです。

そして、京大を受験するときも、模擬試験では「A判定」を取っていましたので、コツコツと勉強をする努力をしませんでした。その結果、現役のときも、一浪して再挑戦したときも、ありえないようなミスを連発して不合格に終わってしまった。これは、本当に情けなかった……。

一方、模擬試験では「A判定」を取っていなかった同級生たちは、見事に京大合格を勝ち取っていきました。いくら「A判定」を取っていても受験を舐めている僕は失敗して、成績は足りなくてもコツコツと努力をした同級生は成功したのです。このとき、「神様はちゃんと見ているんやな」と思い知らされました。

「要領のよさ」だけでは成功できない

もうひとつ、心に刻んでいることがあります。

前にご紹介した京大アメフト部の同級生を覚えているでしょうか？

大学4年生までずっと補欠だったにもかかわらず、誰よりも熱心に練習をしていた同級生のことです。彼は、身体が小さく、走るのも速くなかった。アメフト選手として身体能力に恵まれているとは決して言えませんでしたが、コツコツと努力を続けた結果、大学4年の一番大切な試合でレギュラーに抜擢され、大活躍をしたのです。

実は、その大一番の試合での僕の出番はとても少ないものでした。

直前の合宿で怪我をしていたからです。そして、彼のプレイをベンチからずっと見ていました。素晴らしいプレイでした。周りの選手よりも小さくて、足も遅いのは明らかなのですが、その短所をカバーするために、彼は、まるで「仙人」のように相手チームのプレイを「先読み」していて、ピンポイントで的確なタックルを仕掛けていたのです。

僕は、彼のアメフトに対する姿勢を改めて思い返しました。

彼は、他のメンバーが練習を終えても、ひとりで基本練習を繰り返していましたが、それだけではありませんでした。

オフの日でも、クラブハウスでライバル校の試合を録画したビデオを何度も何度も見て、研究をし尽くしていました。だからこそ、相手チームの動きを「先読み」して、まるで「仙人」のように相手の意表をつくプレイをすることができたのです。「あいつ、ほんまにすごいヤツやな……完全に俺の負けや」と思わずにはいられませんでした。

そして、彼に言われた言葉を噛み締めていました。

怪我をした僕に向かって、彼は、こう言ったのです。

「お前、何まったり怪我とかしとんねん。俺にお前のような身体能力があったら、全然違うで」

言葉は決して綺麗ではありませんでしたが、彼は僕に発破《はっぱ》をかけてくれたのだと思います。彼の言うとおり、練習中に怪我をするのは、プレイに集中していないから、どこかに気の緩みがあるからです。そして、彼は、「お前は身体能力に恵まれているんだから、もっとしっかり練習すれば、最高のアメフト選手になれる」「もったいないことをするな」と言ってくれたのです。

この言葉は身に染みました。

たしかに、僕は彼に比べれば身体能力に恵まれていたと思います。だからこそ、彼のようにコツコツと努力しなくても、下級生の頃から試合に出場することができました。でも、口では「日本一になろう」と言いながら、要領よく手を抜いていた。それを、水野監督も見抜いていたし、彼も見抜いていた。そして、結局、僕は大事な局面で怪我をして、大切な試合でプレイすることがほぼできなかったのです。

短期的なKPIは捨てる

「要領のよさ」だけでは、「コツコツ努力する人」には勝てない――。

僕は、営業マンになってから、何度もこのことを思いました。仕事をするうえでは「要領のよさ」も大事だけど、いちばん大切なのは「コツコツ努力すること」。日本一の営業成績を打ち立てて、京大アメフト部時代の雪辱を果たすためには、これを絶対に忘れてはならないと思ったのです。

そして、営業マンにとって何が大切なのかと自問しました。

僕の出した「答え」は、とにかく多くのお客様にアプローチをしながら、アポイントをくださったお客様一人ひとりに真剣に向き合うこと。目の前のお客様のことを真剣に考えて、丁寧に誠実に仕事を進めること。これをコツコツコツコツとやり続けることが、営業マンに求められているのだと思うのです。

だから、僕はＫＰＩを捨てることにしました。

営業マンになった当初、僕は、週に3件の新規契約をお預かりすることをＫＰＩにしていましたが、そういうＫＰＩを設定するのをやめたのです。

そもそも、そのＫＰＩを達成するために、僕は、後輩に無理矢理契約を迫るような過ちを犯してしまいました。僕は弱い人間です。短期的なＫＰＩに追われると、また同じ過ちを犯してしまいかねない。それよりも、一人ひとりのお客様と誠実に向き合って、信頼関係という「資産」をコツコツと築くことに集中すべきだと考えたのです。

結果は「出す」ものではなく、「出る」ものである

もちろん、「日本一」になるという目標は捨てません。

だから、僕は、プルデンシャル生命保険の過去のデータを洗い出して、「日本一」を取っている人の「売上」をざっくりと把握しました。そこから逆算すれば、どれだけの「量」のお客様にアプローチすれば、その数字に迫ることができるかをだいたい弾き出すことができます。

であれば、「毎週、これだけのお客様にアプローチをする」と決めて、それを実行すればいいだけです。これはＫＰＩではなく、自分との約束です。「やる」と自分と

約束をして、その約束を果たせばいいのです。自分との約束をコツコツと守り続けること。その習慣が、自分との約束をどうしても守りたくなる自分を作り上げるのです。

あとは、とにかく目の前のお客様と丁寧に向き合っていくだけです。

一本のメール、一本の電話、一件の提案書、一件の面会……。その一つひとつをお客様の立場に立ちながら、絶対に手を抜かずに丁寧にこなしていく。その努力をコツコツと積み上げれば、必ず「結果」はついてくると信じました。

そして、ライバルとの競争はできる限り意識しないようにしました。毎週、営業成績のランキング情報が更新されるたびに「トップとの差」をチェックしていましたが、「差を縮めよう」とするのではなく、「自分がやるべきこと」「正しいこと」をコツコツとやり続けることだけを考えるように、自分に何度も何度も言い聞かせたのです。

だからこそ、僕は初年度に「日本一」になることができたのだと思います。結果は「出すもの」ではなく、「出るもの」です。そう信じてコツコツ努力をすることが、営業という仕事においても大事なのだと、僕は確信しているのです。

26 「チャンス」を掴む人の思考法

ピンチに陥ったときに問われるのは「思考法」である

ピンチはチャンスである――。

よく言われることですが、これは真理だと思います。

ピンチに陥ったときに、いちばんダメなのは「ピンチに陥っている」ことから目をそむけることですが、二番目にダメなのは「もうダメだ」と諦めてしまうことです。

生き残るために重要なのは、ピンチに陥っている現実をしっかり見据えたうえで、そこに**チャンスを見出す「思考法」**なのです。

起きている事実を変えることはできませんが、その状況をどのように解釈するかは自由。**ピンチに陥ったときにマイナスの思考に支配されるか、そこに隠れているチャンスを見出そうとするかで、人生は大きく変わってくる**のです。

そして、どんな状況にもチャンスがあるというのは事実です。

そのことを、僕は自らの実体験を通して体得していました。

例えば、両親の事業が倒産して、早稲田大学を退学するしかない状況に追い込まれたのは明らかに大ピンチでしたが、見方によっては、それは僕にとって大チャンスでもありました。両親が破産をして早稲田を中退するしかなかったために、二度も受験に失敗した京大に再チャレンジするチャンスを手にすることができたからです。

しかも、受験まで「2ヶ月」というピンチだったからこそ、「なんとしても京大に受かってやる」と〝火事場のバカ力〟が湧き出てきて、必死に勉強することができた結果、三度目の正直で京大に合格することができたのです。

もちろん、あの渦中にいたときは、正直キツかった。

だけど、あの経験から「ピンチはチャンスである」「どんな状況にもチャンスはある」と確信できたことは、僕の強みになったと思います。

営業マンになってから、僕は、クーリングオフされたときをはじめ、大小さまざまなピンチを経験してきました。いや、毎日、なんらかのピンチがあったように思います（そもそも、人生とはピンチの連続。いや、ピンチの連続のことを人生というのかもしれません）。

しかし、どんな状況に追い込まれても、僕は、「大丈夫だ。なんとかなる」「このピンチをチャンスに変えることができる」と信じることができました。これは、苦しい状況が続いても心を折られることなく、「結果」を出すまで頑張り抜くうえで、非常に大きなことだったと思います。

〝ドタキャン〟されたら、「時間」をプレゼントされたと考える

とはいえ、僕だってピンチに陥ったら落ち込みます。

それは、人間として自然な反応でしょう。だから、僕は、そんなときに自分にかける言葉をいくつか持っていました。

「ちょっと苦しいな」という局面に陥ったら、「オモロなってきた」「よし来い」「望むところや」などと自分に声をかけるようにしていたのです。そうすることによって、マイナスに傾きそうな「思考」を断ち切るとともに、自分が置かれた状況の中に「明るい材料」を探す思考モードへとスイッチを切り替えるわけです。


例えば、こんなことがありました。

クーリングオフをされて、僕が営業マンとして壁にぶつかっていた頃のことです。当時は、成績も〝ジリ貧〟。一件のアポイントの成否に一喜一憂しながら、必死で営業に駆けずり回っていました。

そんなある日、僕は、社会人2年目の金融マンに会うために、都心部のオフィスから、横浜の高級ホテルのラウンジに移動。アポイントは20時半でした。ところが、着席してコーヒーを注文したときに携帯電話が鳴りました。

「すみません、急に飲み会が入ったんで、今日のアポ、キャンセルしてください」

〝ドタキャン〟です。

営業マンにとってはものすごく大切なアポイントも、お客様にとってはたいして重要なものではありません。だから、〝ドタキャン〟されることも想定しておかなければならない。常々、そう自分に言い聞かせていましたが、それでも、毎回、〝ドタキャン〟にはガッカリさせられます。

しかも、相手は社会人2年目の若者。都心からわざわざ横浜までやってきて、一杯1000円を超えるコーヒーも注文したばかり……。正直、腹も立ちます。だけど、いくら腹を立てても、〝ドタキャン〟という現実は変わらない。だから、僕は、「オモロいやんけ」と口に出して言ってみました。

何がオモロいんやろ？

そう自問すると、「ドタキャンしてくれたから、時間ができた。この時間は、俺に

対するプレゼントやな」という考えが浮かびました。

それで、フェイスブックのタイムラインを眺めていると、知人が吉祥寺にある有名な赤身肉屋で食事をしているという投稿をしていたので、「これや！」と思いました。

その知人と一緒に焼肉を食べている人たちと親しくなれば仕事につながるかもしれないし、有名店であるそのお店にも行ってみたかった。すぐにラウンジを飛び出して、90分かけてお店に駆けつけたのです（到着したのは22時を過ぎてました）。

〝普通じゃないこと〟をするから、興味をもってもらえる

これがよかった。

知人から紹介された店のオーナーに、すごく気に入っていただけたのです。

「なんで来たん？」

「いやぁ、横浜でお客様にドタキャンされたんで来ました」

「お前、いきなり横浜から来たんか？　オモロいな、お前」

まぁ、僕は半分やけくそでお店に行ったのですが、たしかに考えてみたら、普通、ドタキャンされて、横浜から90分かけて吉祥寺の焼肉屋には来ません。でも、こんなちょっと〝普通じゃないこと〟をするだけでも、僕という人間に対して興味をもってもらえるのです。

「お前、関西弁やな？　俺も大阪やけど、お前どこなん？」

「大阪の生野区です」

「なんや、めっちゃ近いやん！」

こんな感じで可愛がっていただけるようになって、「またお店においで。予約は俺に直接でええで」と言っていただけました。いつも予約でいっぱいのそのお店には、行きたくてもなかなか行けるものではありません。にもかかわらず、僕は、オーナーに「特権」を与えていただいたわけです。

こういうとき、僕は素直にすぐそのお店に行きます。

名店の「常連」として認知されるコツは、一時期に集中的にお店に通うことですから、僕は、毎週のように知人を連れてお店に顔を出すようにしました。こうして「常連」として親しくさせていただくうちに、オーナーご自身も僕から保険に入ってくださったうえに、ほかの常連さんを次々にご紹介いただけるようになりました。

しかも、予約の取れないそのお店にお連れすると言うと、なかなかご一緒することのできないような人物とも会食する機会を設けることができます。こうして、僕は、予約ができない名店を舞台に、多くのご縁をつくっていくこともできるようになったのです。

落ち込んでいても、何も「いいこと」は起こらない

それで、あるとき気づくのです。

「こうやってお店の常連になれたのも、多くの方々とご縁をいただけたのも、もとは

と言えば、横浜で〝ドタキャン〟を食らったからやったんやな……」

〝ドタキャン〟をされた瞬間は、ガックリきたし、腹も立ちました。成績が〝ジリ貧〟だっただけに、「やっぱり、俺はアカンのかなぁ……」などという思いもよぎりました。

だけど、それで落ち込んでいても、やけ酒を煽っても、何にもならなかったでしょう。「オモロいやんけ」と口に出して思考を切り替えて、〝ドタキャン〟されたことを、「時間」をプレゼントされたと捉え直したからこそ、さまざまなご縁に出会うことができたのです。

このように、悪い状況に陥っても、それをチャンスと捉えて、なんらかの行動を起こすことによって、全然違う「結果」が訪れるのです。

もちろん、何も起こらないことのほうが多いですが、何も行動しなければ絶対に何も起こりません。だったら、ピンチのときほど、前向きに行動したほうがいい。どこにチャンスが落ちているかなんて、誰にもわからないんだから……。

このような成功体験を、僕はたくさんしてきました。

だから、僕は自分のことを「運がいい」と思っています。

京大に二度も落ちたことも、実家が倒産したことも、「俺は、運がよかったんやと心の底から思えます。その時はしんどくて辛いことも、今から思えばあれがあったから今の自分があると思えるのです。

おそらく京大に現役で合格をしていたら、それこそ人生をナメていたのかもしれません。後で大きなしっぺ返しをもらっていたことだろうと思います。それに、一度の受験失敗ではなく、二度も失敗したからこそ大事なことに気づけたのだと思います。

そう考えると、二度も落ちたのはラッキーなことだったのです。

悪い状況の中に「チャンス」を探す人が、運を掴み取っていく

親しくさせていただいているメンタリストDａｉＧｏさんから聞いた、面白い心理実験の話があります。

道路にお金を落として、カフェには人気女優がいるという状況を設定して、「自分は運がいい」と思っている集団と、「自分は運が悪い」と思っている集団の反応の違いを観察するのです。

すると、どうなるか？

「運がいい」と思っている集団は、お金を見つけ、カフェに入った途端に女優を見つける。そして、「俺たち、めっちゃ運がいい！」と考えます。一方、「運が悪い」と思っている集団は、どちらにも気づかない。お金も素通りして、女優にも気づかずただお茶を啜《すす》っているだけ……。

この話には、すごく納得します。

「自分は運がいい」と思っている集団も、「自分は運が悪い」と思っている集団も、どちらも同じ環境にいるのです。お金は落ちているし、女優さんはお店にいる。違いは、それに気づくか、気づかないかだけなのです。

つまり、**「何かいいことはないかな？」と探す人は、チャンスに気づくことができ**

るから、「自分は運がいい」と思うようになるということ。そして、「自分は運がいい」と思うからこそ、「何かいいことはないかな?」と探すようになる。こうして、一部の人たちは、チャンスを掴みとっていくのです。僕は、そういう人生を送りたいと思っています。

27 「0・00001%」の可能性を信じる

日本には1億2000万人いるのだから、営業マンには「無限のチャンス」がある

今でも目に焼き付いているワンシーンがあります。

〝駆け出し〟の営業マンだった頃、渋谷の繁華街を歩いていたときのことです。携帯電話にお客様からの電話が入ったので、慌てて出ると「断り」の連絡でした。あと一歩で契約をお預かりできると思っていたお客様でしたから、ガックリして目の前が真っ暗になりました。

無数の人々が行き交う、ガヤガヤとした繁華街のど真ん中。僕だけが「世の中」から隔絶されたような、ちょっと耳が遠くなったような、そんな孤独感を感じていました。その瞬間の映像が、今も目に焼き付いて離れないのです。

でも、そのシーンを忘れられないのは、おそらくショックだったからだけではありません。むしろ、あのとき、繁華街を行き交う無数の人々を見つめながら、ハッとこんなことを思ったことが、自分の中で強烈な印象を残したのだと思います。

「見てみい。世の中にはこんなにもたくさんの人がおるんやぞ。日本だけでも1億2000万人おるんや。いざとなったら、全員に声をかけていったらええねん。落ち込んでる場合か」

あの瞬間、これ以上落ち込まないように、なんとか「明るい材料」を見つけ出そうとして、思いついたことだったと思います。

だけど、今でも、これは「真理」だと思っています。営業マンが仕事に困ることはない。世界中に何十億人もの人々が生きているのだから、片っ端から声をかけていけば絶対に活路は見出せるはずだと思うのです。

タクシーの運転手さんには、必ず「名刺」を渡す

そして、それ以来、僕は、仕事につながる可能性があれば、どんどん見知らぬ人にも声をかけるようになりました。

例えば、タクシーの運転手さん。タクシーに乗ったときには、必ず、名刺を渡して、僕がＴＢＳを辞めて保険の営業マンになった理由や、「日本一」をめざして頑張っていることなど、少々大げさにしてでもお話しするようにしていたのです。

なぜなら、**僕のあとに富裕層の方がタクシーに乗車して、「相続で困っているけど、実は保険がいいらしいね？」などと雑談をする可能性は０％ではない**からです。そのときに運転手さんが、「そういえば、さっき保険の営業マンが名刺を置いていきましたよ。ずいぶん元気な営業マンで、信頼できそうな人でしたよ」なんて言ってもらえたら、そこから仕事につながるかもしれません。

あるいは、街中で妊婦さんを見かけたら必ずお声がけをしていました。

赤ちゃんが産まれるということは、生命保険についてご夫婦で考える最高のタイミングです。だから、失礼のないように十分に配慮しながら、お声をかけさせていただいて、「何かございましたら、ご連絡をください」と名刺をお渡しするようにしていたのです。

飲食店に入る時にも工夫をしました。

基本的にチェーン店には入らず、店頭にオーナーが立っているお店に何度も通うようにしていたのです。そして、必ずオーナーに話しかけて、名刺を渡します。親しくなることができれば、お店の常連さんなどで「保険に入りたい」という人がいれば、僕のことを思い出して紹介してくれるかもしれないからです。

これは、オーナーが店頭に立っているお店だからできることです。だから、どうせ同じ時間を使うのならばチェーン店は利用せず、オーナーと直接会えるお店にしていました。このように、日常のあらゆる場面で、「営業につながる可能性」を念頭において行動するように心がけていたのです。

「不安」でならないからこそ、積極的にアプローチし続ける

もうひとつ、よくやっていたことがあります。

カフェなどでお客様との面会をしていると、隣の席で同業者が営業しているシーンに出くわすことがあります。

どうしたって、〝耳がダンボ〟になります。そして、聞き耳を立てていると、なかには、お客様にとって不利な保険を無理矢理売り込んでいることに気づくこともあります。

そんなときは、どうにも我慢ができません。不審がられるのを承知のうえで、商談が終わって、営業マンが先に帰ったときなどに、「失礼します」と名刺を渡しながら、その保険に入ってはいけない理由を丁寧にご説明し、「何かございましたら、ご連絡ください」とお声がけをしました。

まぁ、こういう感じで、「名刺」を配りまくっても、そこから仕事につながることはほとんどありません。契約をお預かりできるケースの大半は、お客様からの紹介からつながっていくことに変わりはないのです。

だけど、僕は、こうやって少しでも可能性を拓くために、積極的にアプローチしていくことには意味があると信じてやり続けました。もしかしたら、**深層心理では、不安で不安でならないから、少しでも可能性のあることにすがりついていたのかもしれませんが、それでもいいからやり続けようと思っていました。**

実際、こんなことがありました。

大手広告代理店の社屋の2階のカフェで商談が終わり、設計書などの資料を後片付けしていたときのことです。

ちょうど隣りのテーブルで、おそらく大手広告代理店の役員と思われる方と税理士が打ち合わせをしていました。例によって〝聞き耳〟を立てていると、「そろそろ○○さんも相続対策として生命保険を検討されたらいかがですか？」と税理士がお話しているのが聞こえてきました。

「名刺を出してもイヤがられるだけかな……」などと雑念が湧きますが、名刺を渡すのと渡さないのと、どちらがチャンスが広がるのかの二者択一です。だから、僕は「名刺」を差し出してご挨拶をしました。当然のごとく、そのおふたりはあからさまに迷惑そうな顔をして、僕を追い払うような素振りを見せたので、「何かお困りのことがあったら、いつでもご連絡ください」と笑顔で語りかけて、すぐに引き下がりました。


そして、カフェを出て、街を歩いていたときです。

携帯電話が鳴ったので出ると、電話の主は先日、保険の契約をお預かりしたお客様からでした。しかも、「金沢さんに会って欲しい人がいます。開業医をしていて……」とおっしゃるのです。これは、飛び上がりたくなるほど嬉しかった。そして、僕は、瞬時にこう思ったのです。

さっき、「名刺」をお渡ししたからだ、と。神様は必死で頑張っている人間を見てくださっているんだ。だから、こうやってご褒美をいただけたんだ……。僕は、宗教には一切かかわりがありません。だけど、自然とそう思えたし、そう信じることに意味があると思いました。

理由なんてなくていい。**0・00001%でも可能性があれば、一生懸命に行動する。そんな努力をコツコツと続けていれば、なんらかの形で「いいこと」が訪れる。そう信じることができれば、どんなにうまくいかない時だって、前を向いて生きていける**と思うからです。


そもそも、自分が信じる商品の営業をするのは悪いことではありません。

僕が営業していた保険は「形」のない商品です。だから、ほとんどの人があまりよくわかっていません。そんな商品について正しい知識や情報をお伝えすることが悪いことであるはずがありません。であれば、何も臆することはないではありませんか。堂々としていればいいんです。

図々しくても、一歩前に進み出る。そして、一人でも多くのお客様に、自分が信じる商品をお伝えしようとする。その努力を続けていれば、必ず、営業マンにはチャンスが訪れるのだと思うのです。

28 自分を行動させる「強制力」をつくる

「意志」だけに頼らず、
自分を動かす「強制力」をつくる

「やるかやらないか？　日本一に近づくのはどっちや？」

僕は、常に、このように二者択一を自分に問いかけてきました。

仕事も人生も、「やるかやらないか？」の選択の連続であり、その一瞬一瞬に、どういう選択をしていくかで、「結果」には雲泥の差がついていきます。

そして、僕は「弱い人間」ですから、放っておけば「易きに流れる」ことをよく知っています。だから、あえて自分に二者択一を問いかけることで、自分が流されていく「歯止め」にしようとしていたのです。

「疲れたけど、もう一通メールを出すか出さないか？」

「お客様の提案書をもうひとつ作るか作らないか？」

「まだ眠いけど、起きるか起きないか？」

「明日は朝早いけど、酒を飲むか飲まないか？」

こんなことを、これまで何千回、何万回と自問自答してきました。時には流されてしまいましたが、なんとか踏ん張ってやってくることができたのは、自分が弱いということを受け入れた上で、二者択一を自分に迫り続けてきたからだと思っています。


ただ、このように「自分の意志」に頼るだけでは限界があります。

仕事がうまくいかずに追い込まれているときは、「危機感」がエンジンになってくれますが、ちょっと仕事がうまく行っているときは特に危ない。「まぁ、今日はええやろ」などと自分を甘やかして、あっという間に〝下降線〟を描きがちです。「人間とは、ほんまに弱いもんや」と思わずにはいられません。

そこで、僕は、**できるだけ「意志」だけに頼らないように工夫をしました。**「自分の意志」の弱さを自覚していたからこそ、自分に「よりよい行動」を強制させるような「仕組みづくり」を意識していたのです。

「宣言」してしまえば、それに反する言動はできなくなる

会社に寝泊まりすることにしたのも、そのためでした。

家は居心地がよくて、すぐに〝怠けモード〟に入ってしまいます。しかも、愛する妻やかわいい盛りの子どもたちもいる。家族でワイワイ遊び始めると、〝仕事モード〟に戻るのはしんどいものです。

その結果、仕事も中途半端になりますし、それゆえに、家族と一緒にいても「仕事の不安」が頭をよぎってしまう。結局のところ、両方ともに中途半端に終わってしまうのです。

だから、僕は、「平日は、会社に寝泊まりする」と宣言したのです。

妻にも、僕が勤めている支社のメンバーにもお客様にも、そう宣言したら、のこのこ帰宅するわけにはいきません。正直なことを言えば、家が恋しくなって、「今日はもう家に帰りたいなぁ……」と思ったことは何度もありましたが、そんなことをしたら、あまりにもカッコ悪過ぎます。だから強制的に会社に寝泊まりして、仕事を頑張るほかなくなるわけです。

しかも、会社で寝るときは、あえてマットを敷きませんでした。寝心地をよくしてしまうと、翌朝、起きるのが余計につらくなるからです。

当時の僕は、夜10時くらいに帰社して、夜中までかかって翌日の準備をしっかりしたら、近所にあるスーパー銭湯に行ってサウナで汗を流し、会社に戻って寝袋にくるまって眠る生活を送っていました。眠りにつくのは、だいたい夜中の2~3時くらいだったでしょうか。

それでも、翌朝は6~7時には起きて、みなが出社するころには一仕事を終えて、お客様との面会に向かいたい。だけど、寝心地をよくしてしまうと、そんな時間に起きるのは不可能。そこで、あえてマットを敷かないことで、強制的に起き上がるようにしていたのです。

ただし、週末には帰宅して、土日のどちらかは7時間ぐらい眠れる日を意図的に作っていました。平日は少ない睡眠時間で、とことん仕事と向き合っていましたが、そんな生活をなんとか頑張り通すことができたのは、**「5日頑張れば必ず寝られる日がある」という〝小さなご褒美〟を用意していた**からなのです。

アポイントを入れてしまえば、強制的に動かざるを得ない

お客様とのアポイントを数週間先までビッシリ埋めるのも、「強制力」として作用しました。

仕事をやっていれば、調子いいときもあれば悪いときもあります。そして、どうも気乗りしないときには、ついついダラダラしてしまいがちですが、お客様とのアポイントが決まっていれば、四の五の言っていられません。お客様と面会するために、しっかりと準備をするほかないのです。

そして、気乗りしないままであっても、お客様と会うために動き続けていれば、だんだん気持ちも前向きになってきますし、「いいこと」にも遭遇します。**スランプを抜け出す最高の特効薬は、「動く」こと**なのです。

そのためにも、「強制的」に自分を動かすために、数週間先までスケジュール帳をビッシリと埋め尽くす。それは、**「将来のダメな自分」のために〝愛の鞭〟を用意するようなもの**なのです。

そういえば、僕は、会社の表彰式に参加するついでに、年に2回は1週間ほどの休暇をもらい、家族で海外旅行に出かけることにしていますが、必ず、帰国した当日に、お客様とのアポイントを入れることにしています。

時差ボケを強制的に修正するとともに、一気に〝仕事モード〟に切り替えるためです。1週間以上も海外で休暇をとると、いろいろと言い訳を作り、すぐに仕事に切り替えることができないと自分でよくわかっています。だから、帰宅してシャワーを浴びて、すぐにお客様とのアポイントに向かいます。そうすることで、強制的に通常通りの〝仕事モード〟に戻るわけです。

しかも、そのときにお目にかかったお客様は、「え？　今日、海外旅行から帰ってきたんですか？　なのに、もう仕事？」と驚いてくださるので、〝話のネタ〟としてももってこい。いいことづくめなのです。

強制的に「お酒」をやめる方法

あるときを境に、僕は夜の会食に車で出かけることにしました。

これも、「強制力」を作るためです。僕は、もともとお酒の場が大好きで、放っておいたら平気で朝まで何軒もハシゴをしてしまうタイプです。そして、朝まで飲むとやはり疲れます。

ところが、明日、朝一番のアポイントでお会いする方には僕が朝までお酒を飲んで疲れていることなど全く関係ありません。だから僕はお酒をやめました。お酒を飲むと、明日の準備をしない言い訳を作ることを自分でわかっているからです。

そこで、車で会食に向かうことにしました。

それまでは、「今日は飲まないぞ」と堅く誓っていても、「一杯ぐらいいいや」「二杯ぐらいいいや」「今日はいいや」となってしまっていましたが、車で行ったら、どんなにお酒が飲みたくても飲めません。

それに、同席した方に「まぁ、一杯くらいいいじゃないですか」と勧められたら、断り切れずに飲んでしまっていましたが、「車なんで飲めないんです」と言えば、誰もそれ以上は勧めません。

要するに、**お酒を飲んだときの「自分の意志」は全く信用できないので、アルコールを摂取したら違法になるという「強制力」を利用した**わけです。そして、僕は見事にお酒をやめることに成功して、仕事の精度を高めることができたのです。

人間とは弱いものです。

だから、僕は「自分の意志」に頼りすぎないようにしています。それよりも、自分を強制的に動かす「仕組みづくり」を意識したほうがいいと思うのです。

29 「奇跡」とは準備するものである

「営業スタイル」を替えるには、〝我慢の時期〟を過ごさなければならない

僕は「奇跡は起きる」と信じています。

なぜなら、実際に「奇跡」を経験したからです。

僕は、プルデンシャル生命保険に入って、初年度で約3200人の営業マンのなかで「日本一」になることができましたが、これは、誰の目から見ても「奇跡」としか言いようのない出来事でした。「日本一になる」と決めて頑張って追い上げてはいたものの、なかなか1位との差が縮まらなかったのですが、年度末ギリギリになって、数々の「奇跡」が起きたことで大逆転することができたのです。

初年度の経緯をざっと振り返っておきます。

入社したのが2012年1月。1ヶ月の研修を終えて、実戦に飛び込んで行った僕は、お客様にアプローチする「母数」を最大化することで、当初の2～3ヶ月はまずまずの成績を残すことができました。

しかし、3月16日に新年度が始まってしばらく経つと、「売ろう、売ろう」とすることによる弊害がはっきりとしてきました。当時の営業相手であった知人から、僕の営業手法に批判が寄せられ、5月にはついに後輩からクーリングオフをされるという挫折を経験することになります。


その後、2～3ヶ月は、成績が〝ジリ貧〟に陥るなかで、「売ろう」とする営業スタイルを捨てて、「信頼」を蓄積するスタイルに切り替えようと試行錯誤を繰り返していました。そして、8月に長男が生まれたのをきっかけに「俺は日本一になる」と心が決まりました。また、「いい保険に入られてますね」とお伝えしたお客様から、新しいお客様をご紹介いただくことで、「売ろう」としない営業スタイルに手応えを感じ、状況は少しずつ好転を始めます。

とはいえ、実は、この時期がかなり苦しかった。

というのは、「売ろう」としないスタイルに替えた当初は、「目先の売上」があまり立たないからです。しかし、ここで焦って「売ろう」とするスタイルに逆戻りしたら元の木阿弥。だから、9~11月ごろは、焦る気持ちをじっと我慢しながら、お客様からの「信頼」を蓄積することだけに集中しろと自分に言い聞かせて、必死に動き回っていました。

「もう一踏ん張り」が、思わぬ「奇跡」に繋がる

変化が起こり始めたのは、12月に入ったころからです。

それまでに「信頼」をしていただけたお客様からの、紹介案件が増え始めたのです。

その傾向は、年明けからさらに加速するとともに、「目先の売上」も〝うなぎ登り〟

となっていきました。

そして、2月中旬くらいからは新規営業のアポイントをあえてストップ。「日本一」になるために、年度末までに「売上」を最大化すべく、すでに商談に入っている案件の対応に集中することにしました。

しかし、1位の営業マンがダントツの成績で、2位以下を大きく引き離していましたから、正直なところ、かなり厳しい状況でした。毎週発表される順位表のデータをチェックするたびに、1位との距離に落ち込みましたが、**「競争を意識するのではなく、目の前のお客様のために全力を尽くすのみ」**と自分に言い聞かせて、一件一件をコツコツと丁寧に対応することだけを考えるようにしていました。

すると、2月末ごろから「奇跡」というほかない出来事が起こりはじめたのです。

長男が生まれたときに、軽井沢で車内テレアポをした話を覚えているでしょうか？

あのとき、僕は「10件のアポを取るまでやめない」と思って、数時間かけてやり切ったあとに、「もう1件やろう」と思いました。

そして、そのときに、ずっと連絡ができなかったある人物に、勇気を出して電話をしました。それは、テレビ局時代にご縁をいただいた経営者で、退職の挨拶に伺ったときに、「テレビ局員の金沢さんと一緒に面白いことができると思っていたのに、残念だ」と悲しませてしまった方でした。**そんな経緯があっただけに、図々しく保険の営業のために電話するのに気が引けていた**のです。

だけど、その方は、電話を歓迎してくださいました。

そして、すぐに会ってくださったうえに、〝ご祝儀〟として保険に加入までしていただけました。しかも、年が明けてから、「妻が相続のことで保険のことを考えているから相談に乗って欲しい」とご連絡をいただいたのです。

経営者の相続対策となれば、保険契約は高額になることは間違いありません。「奇跡」のような話だけに、一瞬、耳を疑ったほどでした。そして、すぐに奥様とお会いさせていただき、3月上旬に契約をお預かりすることができ、「日本一」へ大きく近づくことができたのです。

お客様の「誕生日」が、「奇跡」を呼び込んでくれた

あるいは、こんなこともありました。

2月に、ある方にご紹介いただいた女性経営者にお目にかかったのですが、その女性は、僕が「プルデンシャルで日本一になるんです」と話すと、たいへん気に入ってくださって、2回目の面会のアポイントをすぐにくださいました。

ところが、ご多忙なので、2回目のアポイントは15分。その時間内でプレゼンをするようにとの指示を受けたのですが、実際には、その女性経営者が一方的に話して15分がすぎてしまいました。僕は心のなかで、大きなため息をついていましたが、「ごめんんね。もう一回来てくれる?」と言ってくださいました。

しかし、ご指定いただいたアポは3月の第3週。プルデンシャル生命保険では年間成績に計上されるのは3月15日までにお預かりした契約ですから、3月第3週では間

に合いません。ところが、「仕方ない……」と諦めかけたときに、その方の誕生日が目に飛び込んできました。

これも「奇跡」でした。

なぜなら、**その方の誕生日が3月14日だった**からです。誕生日を超えたら保険料が高くなります。そのことを伝えると、「なるほど、それは困ったわね。じゃ、この日に来れる？」と3月13日の早朝にアポイントをいただけました。そして、かなり高額のご契約をお預かりすることができたのです。

一件の契約が「運命」を変える

きわめつけは、「最終日」の3月15日のことです。

直前に、以前、野球選手を紹介した女性税理士さんから、一本の電話をいただきました。その税理士さんのご実家が、大阪にある老舗の会社で、その会社の後継社長である弟さんに会ってほしいとおっしゃるのです。

もちろん、すぐに大阪に飛んで行って弟さんにお目にかかると、「まだ保険に入っていないので、自分に適したプランをつくってほしい」とおっしゃいます。その後、電話やメールでやりとりをしながらプランをつめていきましたが、3月15日までに契約をお預かりできるかどうか微妙な状況でした。

ところが、なんと弟さんから連絡が入って、**3月15日に東京出張がある**とおっしゃいます。聞くと、東京着が12時すぎの新幹線とのことでした。プルデンシャルの「締め」は同日14時でしたから、僕は、「新横浜でその新幹線に乗るので、車内でご契約の最後の確認をできませんか?」とお願いしました。

すると、さすがに新幹線の中は困るが、東京駅で時間をつくると言ってくださいました。それで、東京駅のガヤガヤしたパン屋さんの片隅で、契約内容についてご説明させていただきました。僕の配属されている支社の所長がお店の外で待機してくれていて、ひとつの契約が終わるたびに会社に運んでくれて、ギリギリ14時までになんとか契約を完了することができたのです。

あとでわかったことですが、この契約が14時に間に合わなければ、2位に終わっていました。

ずっと1位だった営業マンも、逃げ切るために年度末にものすごい勢いで追い込んできていたので、本当に僅差での勝利。もしも、弟さんが3月15日12時東京着の新幹線に乗る予定でなかったならば、僕は2位に終わっていた。まさに、「奇跡」としか言いようのない出来事だったのです。

「棚」に「ぼた餅」を置かなければ、絶対に「棚からぼた餅」は落ちてこない

たまたま、「棚からぼた餅」が落ちてきただけだろう?

そう思う方もいるでしょう。たまたまラッキーが続いて、「日本一」になったと言われれば、その通り。否定するつもりはありません。

ただし、ただ単に寝っ転がっているだけでは、「棚からぼた餅」は落ちてきません。

誰かが、「棚」に「ぼた餅」を置かなければ、絶対に「ぼた餅」は落ちてこないので

す。それに、大量に「ぼた餅」を置いておかなければ、次々に「ぼた餅」が落ちてくることもありません。つまり、**一生懸命、「棚」に「ぼた餅」を置く努力をしていなければ、このような「奇跡」は起きない**ということです。

そして、僕は、その努力をずっとしていました。

「僕という人間」を信頼してくださるお客様を、コツコツと増やす努力をずっとしてきていたのです。「目先の売上」を追うのではなく、「保険に入るなら、金沢から入ろう」「保険に入りたい知人がいたら、金沢に紹介しよう」と思っていただけるような関係性を築く。そのために、一日一日を大切にし、一件一件のアポイントを大切にしてきたのです。

そして、営業は「確率論」です。

「僕という人間」を信頼してくださる方の「母数」が増えれば、必ず、僕に「保険に入りたい」「知人を紹介したい」と連絡をくださる件数は増えるのです。

だから、僕は「奇跡」は起こせると思います。お客様からの「信頼」という「資産」をコツコツと蓄積していけば、自動的に「奇跡」は起きるからです。**「奇跡」とは願うものではなく、準備するもの**なのです。

第6章

「影響力」を上手に扱う

30 「手放す」から、新たな可能性が拓ける

「日本一」になったからこそ、〝地べた〟を這いずって前進する

初年度で「日本一」になった僕は、内心では焦っていました。

もちろん、会社から「ドライデン・アワード」を贈られて、並みいる敏腕営業マンの前で受賞スピーチをする栄誉を与えられるなど、周囲の人々から祝福されるのは心から嬉しかったのですが、それは同時に、僕にとってプレッシャーでもありました。次年度に結果を残せず、〝一発屋〟で終わることが、〝吐き気〟がするほど怖かったのです。

しかも、状況は悪かった。

というのは、2月から新規のお客様へのアプローチを一切やめていたために、新年度になった時点で、「見込み客」がほぼゼロの状態だったからです。いわば再び、ゼロから「母数」を積み上げていかなければならない状況に置かれていたのです（実際、4〜5月の売上は劇的に低下しました）。

だから、僕は〝寝袋生活〟を継続することにしました。

「日本一になったんだし、もういいんじゃないか？」と言ってくれる人もいましたが、日本一になったからこそ続けなければならない、と思いました。「日本一」になって周囲からチヤホヤされることで、慢心が生じて結果が出せなくなるのはカッコ悪い。

こういうときこそ、〝地べた〟を這いずって前進しようとすることこそが「カッコいい生き方」だと思ったのです。

アメフトの名将に叩き込まれた、「弱者」が勝つ最強の戦略とは？

そんなふうに考えた背後には、京大アメフト部の名将・水野弥一監督の存在があったように思います。

すでに書いたように、水野監督の指導は非常に厳しいものがありました。練習ひとつとっても、プレッシャーなく、楽しく気軽にプレイをするようなことは一切やらせてくれません。ひたすら、泥まみれになりながら、地べたを這いずり回るような、本番の試合以上のプレッシャーのなかでの練習を徹底的にやらされるのです。

当時は、それが苦しくてなりませんでした。

しかし、それには京大アメフト部が勝つための、きわめて合理的な理由があったのです。ライバル校は「アメフトのエリート選手」を集めていますから、そんなエリート選手を相手に、受験勉強ばかりやってきた京大の選手が、楽しく気軽に華麗なプレイをして勝てるということはまずありません。だから、そんな練習をやることには意味がないのです。

では、「弱者」である京大が勝つ方法は何か？

身体能力と技術に優る「エリート選手」に食らい付いて、その華麗なプレイを封じ込めることです。そして、泥沼のような苦しいゲームに引き摺り込む。それに成功したときに、初めて勝機が生まれる。だからこそ、水野監督は、僕たち選手に地べたを這いずり回るような過酷な練習と本番以上のプレッシャーを強いたのです。

そして、僕は営業マンになってから、自分の無力さをさんざん思い知らされてきました。プルデンシャル生命保険で「日本一」になったところで、自分が無力な存在であることは変わりません。

であれば、そんな「弱者」である自分が勝機を掴むためには、地べたを這いずり回るような仕事をするほかない、と思いました。それこそが、水野監督に叩き込まれた「弱者の戦略」だったのです。

だから、僕は、2年目以降も〝寝袋生活〟を継続することを決意。1年目と同じように、とにかくお客様にアプローチする「母数」を増やすとともに、「目先の売上」を追うのではなく、一人ひとりのお客様に信頼されるという「資産」をコツコツと蓄積することをやり続けました（もちろん、そのやり方をブラッシュアップし続けましたが、やっていることは同じでした）。

その結果、2年目も個人保険の前年度基準では再び日本一の結果を出すことができました。さらに、3年目も〝寝袋生活〟を続け、卓越した生命保険・金融プロフェッショナル組織MDRT（Million Dollar Round Table）の6倍基準である「Top of the Table（TOT）」に到達。これは、日本の生命保険募集人登録者、約120万人の中で毎年60人前後しか認定されない「狭き門」ですから、たいへん光栄なことでした。

紹介は「上から下」へ流れていく

ただ、3年目が終わったときに考えました。

この働き方を続ければ、「結果」を出し続けることはできる。その自信はついた。だけど、これは一生続けられる働き方ではない。アシスタントを雇っているわけではないから、日中は街中を走り回って商談をして、夜中まで全部ひとりで事務処理や資料作成をやって、寝袋にくるまって寝るという生活。そんな戦い方を、いつまでも続けてたらあかん……。そう思ったのです。

それで、戦い方を変えることにしました。

「俺みたいにアホみたいに働かずに、結果を出し続けている営業マンは、何をやってるんやろ?」と観察してみると、すごくシンプルなことがわかりました。

要するに、彼らは「単価の高いお客様」に狙いを定めているのです。保険営業の商売というのは、小口の契約を100件お預かりするよりも、超大口の契約を1件お預かりするほうが「営業結果」がいいことだってあります。だから、彼らは「法人案件」や「相続案件」を多く扱っている。富裕層にアプローチをしているわけです。

しかも、**保険営業の〝命綱〟である「紹介」も、「上から下」に流れていく**ものです。例えば、経営者の「信頼」を得ることができれば、役員を紹介していただくことができ、役員の「信頼」を得ることができれば部長に、さらに課長、一般社員へと紹介が繋がっていくイメージです。

つまり、**影響力のある人物の「信頼」を勝ち取ることができれば、その影響力を〝借用〟することで、営業マンはお客様とのご縁をどんどん広げていくことができる**わけです。

それまで、僕は、そういうことは考えずに、目の前にある「ご縁」を大事にすることだけに集中してきました。「単価の高いお客様」である富裕層にアプローチしているライバルに対抗するためには、睡眠時間を削って「母数」を増やすほかなかったのも当然のことだったのです。

そこで、僕も、経営者をはじめとする「富裕層」にアプローチする戦い方を採用しようと考えました。

もちろん、ご縁があってお目にかかった方であれば、たとえ「単価」が低くても、これまでどおり誠意をもって対応します。だけど、そうしたお客様を対象としたインターネット保険のサービスも広がってきていましたから、フルコミッションの営業マンである僕が積極的にアプローチする必要はないだろう。これからは、「富裕層」へのアプローチに集中していこうと意識を切り替えたのです。

手を握りしめている限り、「新しいもの」を掴むことはできない

ただし、その方法はまったくわかりませんでした。

それまでも、知人やお客様から紹介された方が、たまたま「社長だった」ということはありましたが、自分の力で「富裕層」にアプローチしたことはありません。そも

そも、社長と巡り会うためには、どこに行けばいいのかもわからなかったのです。

だけど、いまの戦い方は続けられない。

なんとしてでも、新しい方法を見つけ出すしかない。

そう思った僕は、まず〝寝袋生活〟を手放すことにしました。

〝寝袋生活〟はきつかったのですが、その反面、これこそが僕の「安心材料」でもありました。〝寝袋生活〟で仕事量を最大化しておけば、絶対に「結果」は出せるという自信があったからです。だから、これを手放すのはけっこう怖かった。

でも、僕は、これまでの人生で「手放す」ことの大切さも学んでいました。

例えば、両親の事業が倒産したとき、僕は早稲田大学での楽しかった生活を手放しました。人間関係にも恵まれていましたから、それを手放すのは正直つらかった。でも、それを手放したからこそ、「受験に失敗したら、働くしかない」というプレッシャーを糧にして、京大受験に成功することができたのです。

TBSを辞めて、プルデンシャル生命保険に入ったときもそうです。TBSという恵まれた環境を手放して、自分を追い込んだからこそ、僕は「日本一の営業会社で日本一になる」という目標を達成することができたのです。

手を握りしめている限り、「新しいもの」を掴むことはできません。何かを得るためには、まず何かを手放す必要があるのです。しかも、**手放すものが大きければ大きいほど、得られるチャンスも大きくなる。**そのことを、僕は実体験を通して学んでいました。

だから、〝寝袋生活〟という「安心材料」を手放すことで、きっと、自分は新しい戦い方を見つけることができるはずだと信じることができました。手放すのが怖いからこそ、手放すことに意味があるのです。そして、手放すからこそ、新しい可能性が拓けるのです。

31 自分が「正しい」と思うことだけやる

「やり方」がわからないときは、まず成功者のマネをする

どうやって、経営者とのコネクションをつくるか？

これが、〝寝袋生活〟を手放した僕の最大の課題でした。

そして、その方法は皆目わからない。こういうときには、成功している人のマネをするのが早道ですから、僕は、いろいろな企業の経営者とコネクションをつくることに成功している営業マンのやり方から学ぶことにしました。

彼らには、ひとつの「定石」があります。

税理士と組むのです。ほとんどの会社には顧問税理士がいて、〝お金まわり〟の意思決定に関して、社長に対して強い「影響力」をもっています。

例えば、税理士が「資金繰りや相続対策もかねて保険に入りましょう。ついては、信頼できる営業マンを紹介しますよ」と言えば、多くの社長は「その営業マンから話を聞いてみよう」と考えるはずです。

このように、税理士の「影響力」を借りることで、社長とのコネクションをつくっていくわけです（もちろん、営業マンは税理士に紹介料を支払います）。これを、保険業界では「税理士マーケット」というのですが、これは、たしかにきわめて合理的な営業手法だと思います。


だから、僕は、早速これを試してみました。

いろいろな税理士に会いに行って、「誰か社長さんを紹介してもらえませんか？」と依頼。実際に紹介していただけたこともありました。だけど、このときに、税理士と組むことに対して、ものすごく大きな違和感を覚えたのです。

自分が「正しい」と思うことしか、やってはいけない

いや、はじめから違和感を感じていました。

というのは、紹介していただく社長に、初めて会いにいくときに、「会社の決算対策のために、このプランでいきたい。保険料はこのくらいがいいと思う」と、かなり高額の保険料を税理士が口にしたからです。

「えー、それはおかしいやろ」と思いました。

だって、保険の営業をするのは僕です。その僕が、**依頼主である社長さん本人に会う前に、おすすめするプランを〝決め打ち〟するのは明らかにおかしい。**じっくりと社長の話を伺ったうえで、そのニーズに応えるプランを提案するのが僕の仕事です。

だから、そのときは「まぁ、とにかくお会いしましょう」とはぐらかしました。

そして、実際に社長の話を聞くと、税理士が提案する保険料は、その会社にとってリスクがあると思いました。

というのは、たしかに、その会社の売上・利益は上がっていましたが、キャッシュが少なかったからです。その会社は製造業だったので、キャッシュの「出」と「入」のタイムラグがすごくある。しかも、在庫も抱えなければならないから、実際にキャッシュが入ってくるタイミングも完全にはわからない。

だから、税理士が提案するような高額の保険料を、そのタイミングで出してもらうのは、一時的な決算に対する効果は大きいかもしれませんが、それゆえに経営上のリスクを負わせるのは間違っていると思ったのです。

社長にも、そのことを率直に伝えました。

すると、社長も同意され、最終的には、税理士が口にした保険料よりも減額した金額で契約することで話はまとまりました。

しかし、それに、税理士は強い不満をもっていました。社長との面会が終わったあとに、税理士にこんなふうに文句を言われたのです。

「どうして、金額を下げたんですか？　あなたの話はよくわかるけれど、あの会社のキャッシュフローを見ているのは私です。ちゃんと見てるんだから、私が言った金額でやってくれ」

そして、その後の一言が、僕には衝撃的でした。

彼は、こう言ったのです。

「そうじゃないと、私の取り分が減るじゃないですか」

こんなことを言う税理士は、まずいないと思います。たまたま、僕がそういう税理士と組んでしまったということです。しかし、このときの違和感は僕にとって決定的でした。反射的に「この税理士と組むのはやめよう」と思いました。

「目の前」のお客様にとってよいサービスをすることで、お互いにプラスになるようにするのが営業マンの仕事です。

だけど、**自分の利益のために、「目の前」のお客様から「もっと大きなものを取ろう」という発想は、僕のなかではありえない。**そして、自分が「正しい」と思うことしかやらない、というのが僕のなかの鉄則。だから、僕は、その場で、税理士に「この話は断ります」と伝えたのです。

仲介者に頼ると、生殺与奪権を握られる

そして、結局、僕は「税理士マーケット」には近づかないことにしました。

もちろん、何度も言いますが、あのような思考の税理士はきわめて稀だと思います。それに、僕の周りにいる「税理士マーケット」を得意とする営業マンにも、あのような思考で仕事をしている人は皆無です。誰もが、お客様にとってよいサービスをすることを真剣に考えてやっています。

だけど、僕には向いていないと思ったのです。

なぜなら、「紹介者」のほうが、「紹介してもらう人」よりも立場は強いからです。

つまり、「税理士マーケット」で仕事をする限り、主導権を握るのは税理士だという

ことです。まずこれが、〝我の強い〟タイプである僕には向いてない。**自分の仕事は、あくまでも自分の舵取りで進めていきたい**と思ったのです。

それに、下手をすると、税理士がお客様になってしまいかねないとも思いました。有力な税理士と組むことができれば、それだけ大きな契約をお預かりする機会が増えるでしょう。正直、それは喉から手が出るほどほしいものです。でも、だからこそ危ない。

有力な税理士と組むことによってもたらされる「味」を覚えてしまったら、その税理士との関係を良好なものにするために、本当のお客様であるはずの社長ではなく、その税理士をお客様として扱うようになってしまいかねません。僕は「自分の弱さ」をよく知っているだけに、そうなってしまうのが怖かったのです。

だから、僕は、営業活動で税理士とは組まないと決めました。

世の中の税理士さんたちを信用しないからではありません。実際、僕は立派な税理士さんをたくさん知っています。そうではなく、「自分の弱さ」を知っているからこそ、あえて「税理士マーケット」からは距離を置こうと決めたのです。

そして、この決断は正しかったと思っています。

自力で経営者などの富裕層とのコネクションを築いていくのには、それなりの工夫と努力が求められましたが、それができるようになったときには、社会的な影響力をもつお客様との間に、税理士など第三者の介在しない強固な「二者間関係」が生まれるからです（もちろん、紹介料を支払う必要もありません）。

これが、営業マンとしての「強さ」を生み出してくれます。第三者を通してお客様と関係値を築く場合、仲介者との関係性を傷つけたら、その先にいるお客様との関係性も失うことになってしまいますから、いわば、仲介者に生殺与奪権を握られているようなものだからです。

しかし、数多くの有力なお客様と、一対一の人間同士の信頼関係を築くことができれば、それを第三者に壊されることはありません。そこに生まれる「強さ」を手に入れることには、大汗をかくだけの大きな価値があるのです。

32 「答え」を探すな、「答え」は作り出せ

山頂にたどり着くルートは「無限」にある

何かうまくいかないことがあるときに、僕はよく「登山」をイメージします。

例えば、山頂を目指して、登山口から登り始めたけれども、崖崩れで道が塞がれていたとしましょう。あなたなら、どうするでしょうか?

ある人は、「これでは登れない」と判断して引き返すかもしれませんが、僕は、そういう発想をしません。

別の登山口から登っていけばいいし、その登山口もダメだったら、登山道を外れてでも山頂を目指すでしょう。山の麓のどの地点からでも山頂を目指すことはできる。

自ら登山道を切り拓けば、必ず山頂には辿り着ける。**山頂に至る「道」は無限にある**と思うのです。

だから、経営者とコネクションをつくるために、「税理士マーケット」にチャレンジして、うまくいかなかったことに落胆することはありませんでした。「税理士マーケット」という「手段（登山口）」にこだわる必要はなく、別の「登山口」を探せばいいと思ったからです。

そして、次に着目したのが「交流会」でした。

法人マーケットで成果を上げている営業マンを見ていると、経営者をはじめとするアッパー層が集まる「交流会」に参加して、そこでコネクションをつくっていることがわかったからです。

そこで、早速、いろいろな交流会に顔を出してみました。

こういうときも、まずは、とにかく「量」をこなすことが大切ですから、短期間に足繁く交流会に参加。ただし、新しい行動をすると、すべては「振り出し」に戻ります。交流会の参加者に名刺を差し出すと、再び、「なんだ、プルか……」という対応をされることが何回もありました。

でも、もうそのような扱いには慣れていました。

相手の人は何も悪くない。むしろ、会って5分で「この人はすごい！」と思わせられなかった僕自身の責任。**怒りは、相手にむけると刃になりますが、自分に向けるとエネルギーとなります。**「自分をもっと磨かないとあかんな」と自然に思えたことは、自分の成長を実感する機会にもなりました。

「交流会」の成果を決定するのは、主催者の「影響力」である

そして、さまざまな交流会を経験することで、見えてきたことがありました。

第一に、一口に「交流会」と言っても、参加者の「タイプ」はバラバラだということです。僕が「こういう方とコネクションをつくりたい」と思える方が集まっている

交流会もあれば、「どうも、肌が合わないな」という集まりもありました。

「この違いは、どこから来るんだろう?」と思って観察すると、答えは明らかでした。**参加者の「タイプ」を決めているのは、主催者の「タイプ」なのです。**主催者が、僕が「お付き合いがしたい」と思える人物であれば、その交流会に集う方々とも気持ちよい、先につながるコミュニケーションが取れるのです。

第二に、交流会で出会った方と、その後のコネクションを深めていくためには、主催者の「影響力」をお借りする必要があるということです。

当たり前のことですが、交流会で名刺交換をして少しお話をしたからと言って、後日、わざわざ再び僕と会ってくれるわけではありません。僕が〝保険屋〟であることはわかっているのだから、警戒されるのは仕方のないことでしょう。

ただし、僕が主催者としっかり信頼関係を築いたうえで、参加者の方々にメールでご挨拶をするときに、「CC」で主催者を入れておくと、劇的に反応が変わってきます。ほぼ100%の確率でご返信をいただけますし、その後、お付き合いを深めていくことができるケースが多くなるのです。

これは、考えてみれば当たり前のことで、その交流会に参加するのは、主催者を信頼しているから、あるいは、主催者との距離を近づけたいと考えているからです。つまり、交流会で最も強い「影響力」をもっているのは主催者であり、参加者とのコネクションをつくっていくうえで決定的に重要なのは、**主催者の「影響力」をお借りできるかどうか**という点にあるということです。

要するに、交流会を通して、経営者などとコネクションをつくるためには、主催者との関係性が「鍵」を握っているということです。

だから、僕は、主催者の人柄を慎重に見極めたうえで、「これぞ！」という人物との信頼関係を構築しながら、交流会を通して数多くの経営者やアッパー層とのご縁を広げていく努力を重ねていきました。

そのために、僕がやったのは、それまでの営業で培ったやり方とまったく同じ。皆さんの「願望」を叶え、「課題」を解決する能力をもつ人をおつなぎしていくのです。**ご縁をつなげば、ご縁が広がる。**その原理原則を活かして、経営者のみならず、弁護士、医師、政治家、起業家などさまざまな特性をもつ方々とのコネクションを広げていくことができました。

もちろん、保険を「売ろう」とはしません。

そうではなく、信頼できる「保険の営業マン」として、僕の存在を認めていただくことで、いずれ、ご本人やその周囲の人に保険ニーズが生じたときに、僕のところにご連絡をいただけるような関係性を構築していったわけです。

交流会を主催することで、自らの「影響力」をつくり出す

ただ、半年ほどたったとき、あることに気付きました。

何も「影響力」をお借りする必要はない、と。僕は、交流会の主催者の「影響力」をお借りして、参加者の方々とのコネクションを開拓していきましたが、**僕自身が交流会の主催者になれば、僕自身が「影響力」をもつことができる**からです。

僕には交流会を主催できるだけの蓄積もでき始めていました。

これまでの営業活動で培ってきた人間関係に加えて、数々の交流会をきっかけに魅力的な人たちとのご縁も広がっていましたし、そうした人々を個別につなぐことで喜んでいただいてもきました。だから、僕が主催する交流会に参加することに、メリットを感じてくださる方が増えてきていたのです。

だから、僕は、定期的に交流会を開催して、すでにご縁のある方にお知り合いを連れて参加してもらえるように依頼するなど「人集め」に奔走するようになりました。そして、最も「影響力」のある主催者として、その交流会にお越しになった方々と強力なコネクションを作り出すことができるようになっていったのです。

「答え」を探すな、「答え」は作り出せ

ただし、この取り組みにも限界がありました。

たしかに、自分が交流会を主催することで、多くの方々とのご縁を広げることはできたのですが、参加者も多く、立食の交流会の場に、お呼びできるのは比較的若手の人々に限られるからです。交流会という場では、上場企業の経営者といった方々とのコネクションをつくることはできないのです。

そこで、僕は、徐々に交流会から、ごくごく限られた少人数での会食などへと移行することで、いわゆる「大物」とのコネクションを開拓していく方法を模索していくようになりました。これが、その後、僕の「営業」を劇的に進化させることにつながるのですが、それについては改めてご説明したいと思います。

ともかく、僕はこのようにして、経営者をはじめとするアッパー層とのコネクションを築いていくきっかけを掴みました。

当初、「税理士マーケット」を断念し、「交流会」という別の方法に足を踏み入れました。そこで、主催者の「影響力」をお借りしてご縁を広げていきながら、さらに、自分が主催者になるという「別の道」に進みました。そして、最終的には、交流会から少人数での会食へと歩を進めて、アッパー層とのコネクション構築という目的を果たすことができたのです。

冒頭のたとえ話に戻れば、僕は、「税理士マーケット」という登山口を断念し、「交流会」という別の登山口から山を登り始めたようなものです。

そして、その山道を歩きながら、さらに「自ら主催者になる」「交流会から少人数の会食」へとどんどん違う道へと歩を進めました。本人としては、途中からは、山道として整備されていない場所を、草木をかき分けながら、ひたすら「アッパー層とのコネクションをつくる」という山頂を目指して進んでいたような感覚です。その結果、僕なりの「山頂につながる道」をつくり出すことができたのです。

思い出すのは、京大アメフト部の水野監督の言葉です。

「受験勉強には必ず〝答え〟ってもんがある。その受験勉強で結果を出した君ら京大生のアカンところは、すぐに〝答え〟を探そうとするところや。**この世に、〝答え〟なんかない。〝答え〟は自分で作り出すもの**なんや」

その通りだと思います。

営業マンとして成功する方法は、100人いれば100通りあると思います。だから、僕のやり方が必ずしも「正解」であるとは限りません。

大事なのは、試行錯誤をしながら、山頂を目指して登り続けることだと思います。登山道が崖崩れで行き止まりになっていたら、別の登山口に回ってもいいし、道なき道を行ってもいい。「手段」を臨機応変に変えながら、しぶとく山頂をめざし続ければ、必ず、その人なりの「正解」に辿り着けるのだと思うのです。

33 「恩返し」をするとチャンスが巡ってくる

「質」の高い会食を開催すれば、自分の「価値」が高まる

経営者などのアッパー層といかにコネクションをつくるか？

これは営業マンにとって重要な課題ですが、僕は、試行錯誤の末に、少人数の会食という手段をメインに据えるようになりました。そのために、お客様とお目にかかる営業活動は夕方には終えるようにして、夜は、連日のように会食をセッティングしてさまざまな方々と親交を深める生活スタイルへと移り変わりました。

そして、よいご縁を広げるために、いろいろな工夫を重ねていきました。

当初は、知人との共催で「社長合コン」を数多くやりました。これは、女性を呼ぶ合コンではなく、社長だけを集めて会食するというものです。例えば、不動産の営業をやっている知人が3人の経営者を呼び、僕が3人の経営者を呼んで、男8人で会食するわけです。

同じ経営者として「ビジョン」や「悩み」を共有できるだけでも、参加者にはたいへん喜んでいただくことができました。時には、お互いのビジネスでシナジーを生み出したり、リソースを融通し合うことができることがわかって、その後、ビジネス上のパートナーになるようなこともありました。

このような会食は、参加者にとって非常に価値がありますし、その**主催者である僕の「価値」も上がる**ことになります。だからこそ、その後、参加してくださった経営者と個別にお会いすることにもつながり、しっかりとしたご縁に育てていくことができるわけです。

だから、僕は、会食の場に「賑やかし」のために女性を呼ぶようなことは一切しませんでした（もちろん、女性経営者をお呼びすることはあります）。それでその場が賑やかになったとしてもそういう女性がいると、その場での会話がどうしても〝たわいもないバカ話〟にしかならず、**「今」が楽しいだけで先につながる「資産」には決してならない**からです。

もちろん、営業マンに、接待の場で、そういう女性を呼ぶことを要求するような方もいらっしゃるのは事実です。しかし、僕は、そういう方とは一切お付き合いをしませんでした。なぜなら、そういうお客様と長期的な信頼関係・人間関係が続くことはありえないからです。

僕自身、ＴＢＳ時代に、いわゆる「合コン」で盛り上がったことはありますが、そこで一緒に遊んでいた知人のほとんどは、僕がＴＢＳを辞めた途端に離れていきました。だから、そういう場で、本物の信頼関係がつくられることはないとわかっているのです。

会食はすべて「割り勘」にする

ちなみに、会食で僕はお酒を一滴も飲みません。すでに書いたように、会食へは必ず車で向かうことで、強制的に「お酒を飲まない」ようにしていたからです。そして、「本当はお酒が大好きだけど、明日会うお客様に万全の状態で会いたいから、お酒を飲まないように車を使っている」といった話をすると、僕のお客様に対する姿勢に好感をもってもらえたように思いますし、**会食の場で上質な話題が展開される一因にもなった**ような気がします。

また、会計はすべて「割り勘」にしていました。

営業マンが「ご馳走」するのが当たり前という考え方をする人もいますが、僕は、それは間違っていると思っています（昼間の商談でお茶代などは営業マンがもつこともあるかとは思いますが……）。

そもそも、僕がやっていた会食は、商品を買っていただくためにお客様のご機嫌をとるという意味での「接待」ではないからです。保険を売るために会食をしているのではなく（保険の話などこちらからは一切しません）、僕も含めた参加者全員が一人の人間として「質の高い時間」を過ごすことで、何かしら自分にとってプラスになるものを持ち帰っていただくために会食をしているのです。

だから、**参加者は全員対等の関係。誰かが「ご馳走」し、誰かが「ご馳走」になるなどというのは不自然だ**と思うのです。

そして、そういうマインドでお越しになる参加者は、むしろ「割り勘」ではないことに、不満をもたれるものです。

おそらく、僕から「ご馳走」になる理由がないにもかかわらず「ご馳走」になるのは、僕に「借り」をつくるような気持ち悪さがあるからではないかと思うのですが、そのようなセンスをもった方とこそ、長期的な信頼関係・人間関係を築くことができると確信しています。

「会わせたい人リスト」を作っておく

当初は、僕だけでは「社長合コン」をするだけの人的ネットワークがなかったので、このように、別の営業マンと共催する形を取っていましたが、徐々に人的ネットワークが広がってくると、僕ひとりで会食を主催するようになっていきました。

そのために、僕は、常に「会わせたい人リスト」をつくっています。

これまでにご縁をいただいた方々のなかで、「このメンバーで集まったら楽しいひとときになる」「この方とこの方をつないだら、おもしろいことが起きそうだ」「この方とこの方はきっと意気投合するだろう」などという観点で、会食メンバーを決めてリスト化しておくのです。

会食をセッティングするうえで、最もよい時間になる確率が高いのは**「共通点」のあるメンバーを集める**ことです。「二代目社長だけの会」「出身地が同じ人だけの会」「ゴルフが好きな人だけの会」など、共通点のある人々が集まれば、初対面でもすぐに打ち解けてくださいます。

そして、打ち解けてくれさえすれば、主催者が無理に盛り上げようとしなくても、自然と会話が弾み、その会食が「よい場所」へとなっていくのです。

ちなみに、僕は、**事前に座席もすべて決めてしまいます。**

年齢、社会的地位、相性などを考慮して、「誰と誰が隣合わせ、誰と誰が真向かいになるといいかな」などと、場が盛り上がりやすいような席順を考えるのです。初対面の人が集まる会では、みんなが席を譲り合って、なかなか席順が決まらないものですが、そういうストレスを排除するうえでも意味があると思います。

「ビジョン」や「悩み」など、なんでも話せる場所にする

また、自己紹介ではなく、僕が一人ひとりについて「他己紹介」するようにしています。

これが結構重要です。というのは、自己紹介が苦手な方にはストレスにしかなりませんし、自己紹介で場をなごませたり、盛り上げたりするのは難しいので、全員の自己紹介が終わる頃にはなんとなく白けた雰囲気になってしまっていることがあるからです。

そこで、僕が手短に一人ずつ紹介していくわけですが、これがいいのは、**ご自分では口にしにくい「その人の功績」などを伝えることができる**ことです。

例えば、業績絶好調の経営者が自らそれを口にすると「自慢話」になってしまいますが、僕ならば「昨年、売上を倍増させて、経営者として絶好調の◯◯さんです」と紹介することができます。こうすることで、他の参加者は同席者の「重要情報」を知ることができるので、その後の会話をしやすくなるでしょう。しかも、言われた本人も内心では嬉しいはずです。

「他己紹介」が終わったら、あとは、基本的に自然の流れに任せます。

全員と知り合いなのは僕だけですから、あまり出しゃばると、会話の中心が僕になってしまいます。それでは、参加者同士が自然と仲良くなるような展開になりにくいので、できるだけ参加者に会話の主導権を握ってもらうようにしたほうがいいのです。

そして、口数の少ない人がいたら、そちらに水を向けたり、会話にちょっとした空白が生まれたら、新たな話題を振るなど、全員が楽しく過ごせるようにサポートするイメージです。

また、時に、僕自らが「ビジョン」や「悩み」を自己開示することで、なんでも話しやすい空気を生み出すように心がけています。

誰でも、大きなビジョンをもって取り組んでいても、人知れず思い悩んでいることはあるもので、それを**「安全な場所」で口にして、誰かに受け止めてもらいたいと思っている**ものです。会食がそんな場になるためには、主催者が自ら「自己開示」する必要があると思うのです。

そして、参加者の「自己開示」をしっかりと受け止めたうえで、その「ビジョン」を達成するための方法や、「悩み」を前向きに解決する方法を、「自分ごと」のように一生懸命に考えることです。主催者がそういう姿勢を見せれば、他の参加者もきっと同調してくれます。そのとき、初対面の人が集まった場であるにもかかわらず、お互いに支え合う「同志」のような関係性が芽生えるのです。

「恩返し」をすると、自然とチャンスが巡ってくる

もちろん、毎回、そんなことが起きるわけではありません。

だけど、僕の会食に参加してくださるのは経営者をはじめとした、一生懸命に人生を生きている人たちですから、**誰かの「ビジョン」や「悩み」にみんなが共感して、すごく前向きで良いエネルギーの会になることはかなり多い**ものです。そして、そのような「場」を提供した僕に対して、しばらくたってから、感謝の気持ちを伝えてくださるような方もいらっしゃるのです。

先日も、こんなことがありました。

7人の経営者を集めて会食をしていたときのことです。みなさんは初対面でしたが、僕とは付き合いの長い人ばかり。はじめは経営にまつわる話題が展開されましたが、ひとしきり盛り上がって、一息ついた頃に、ある人がポロッとこんなことを口にされ

たのです。

「そういえば、金沢さんと初めて出会ったのは、本当に会社が潰れそうなときだったんだよな。あのとき、金沢さんがすごい励ましてくれて、前向きになれたんだよ」

すると、「俺も」「俺も」と他の人々も同じような話をしてくれました。

「俺も、金沢さんに出会ったときのことはよく覚えてるよ。来週、資金調達できなかったら会社が潰れるってときでさ……」

「金沢さんが紹介してくれた人のおかげでヒット商品が出て会社がなんとかなった」

「金沢さんは、俺にとって福の神だよ」


これは、嬉しかった。

もちろん、そんなタイミングでみなさんと出会ったのは〝たまたま〟です。でも、僕は、会食などの場で、**どんなに辛い話を聞いても、そこに「明るい材料」を見つけて、「明るい方向」に向かうことしか考えないし、口にしません。**それが、少しでもみなさんの力になれたのだとしたら、本当に嬉しいことです。

そもそも、僕自身が、大事に思っている人と巡り会ったのは、自分がしんどいときだったことが多い。そんなときに、励ましてくれたり、力を貸してくれたり、助けてくれた人だからこそ、心の底から感謝の気持ちが湧いてくるのだと思います。

だから、**僕なりに、その恩返しと思って、出会った人々の力になりたいと思って生きてきました。**会食でいろいろな人をおつなぎしているのも、そんな「想い」が根底にあるのです。

そして、このような関係性が、僕にチャンスをもたらしてくれます。

会食の場で、保険の営業など一切しませんが、みなさんは当然、僕が〝保険屋〟であることを知っています。だから、ご自身に必要が生じたときには、真っ先に僕に連絡をくださるのです。

例えば、出会って2~3年たったときに、突然、「3月決算で利益10億円くらい出そうです。決算対策したいんで、相談に乗ってください」などといったメールがポーンと届いたりするのです。そして、そういう関係性の経営者の「母数」が多ければ、まるで「棚からぼた餅」が落ちてくるように、こうした連絡が日々舞い込んでくるようになるのです。

34 まず、自分が「楽しむ」ことが大切

「営業マン」として働いている限り、「ワン・オブ・ゼム」にしかなれない

まず、自分が「楽しむ」こと——。

経営者などのアッパー層とのコネクションをつくるためには、これが非常に大切だと痛感しています。「営業マン」の仕事として会食などをしようとする限り、どうしても限界が生じるからです。

簡単に想像できることですが、アッパー層のもとには保険の営業マンはもちろん、ありとあらゆる分野の営業マンが群がっています。そのなかに、「営業マン」として

加わっている限り、相手にとっては「ワン・オブ・ゼム」にすぎません。だから、まず、「営業マンとして会う」という前提を壊す必要があるのです。

そのために最も有効なのが、一人の人間として「自分はこれが好き」「自分はこれが楽しい」と思っているものを、みなさんと共有して、一緒に楽しもうとすることです。まず自分が「楽しむ」ことで、それに参加してくださった方々も「楽しい」と思っていただけるようになる。そのとき、「特別な人間」になることができるのです。

僕の場合は、そのひとつが「お肉」でした。

僕は、営業マンとして、和洋中まんべんなく「行きつけのお店」をつくって、さまざまなお客様との会食の場として利用させていただいています。特に、自分自身が大好きな肉料理のお店に関しては、お客様との会食の場という「仕事」の意識ではなく、自分が楽しむために徹底的に追求してきました。

名店と呼ばれるお店に行きまくって、そのなかでもお気に入りのお店を見つけたら、徹底的に通って「馴染み」にしていただいてきました。そうしたお店は、どれも「予約の取れないお店」として知られていますが、オーナーと〝ファミリー〟のようなお付き合いをさせていただいているおかげで、優先的に予約を入れていただけるようにもなっています。

そこまでしてきたのは、「営業に活かせるから」という理由ではなく、「自分が最高の肉料理を食べたい」「この美味しい肉料理を素敵な人たちと一緒に食べたい」という願望を満たすためです。ところが、**そこに大きな「価値」が生まれます。**

「好き」なものを追求するから、「特別な価値」が生まれる

例えば、お付き合いさせていただいている経営者のネットワークに、ぜひお目にかかりたい「大物」がいるとします。

ところが、知人の経営者に仲介していただこうとしても、そのような「大物」とは、簡単には会食などさせていただくことはできません。そこで、「予約の取れないお店」の価値が効いてくるのです。

たとえ「大物」であっても、「予約の取れないお店」にはなかなか行けませんから、そういうお店にお誘いすると、「じゃ、ちょっと行ってみようかな」となるわけです。

そして、そのお店の個性的なオーナーともかなり親しく、近い距離感になっている僕の姿をみて、「こいつ、なかなか力あるな」とも思っていただける。「予約の取れないお店」で予約が取れるのは、ある種の**ステータスとして機能してくれる**のです。

しかも、その会食に呼ぶのは、「肉料理が大好きな人たち」ばかりですから、楽しい場所になるに決まっています。そして、楽しいからこそ会話が弾み、普段は口にできないような「本音」まで語り合えるようになります。自然と「質の高い集まり」にすることができるのです。

そして、そういう場所を主催した僕に対して「価値」を認めていただけ、後日、一対一でお目にかかる機会をいただくことができるようになります。

このように、**自分が「好き」なものを極めて、それをみなさんと「共有」しようとする**ことで、遠い存在である「大物」とのコネクションも作り出すことができるようになるのです。

掛け算することで、「価値」を最大化する

もうひとつ、大きかったのがゴルフです。

僕は、スポーツはなんでも好きですが、プルデンシャル生命保険に入ってから始めたゴルフにはどっぷりとはまりました。

そのきっかけは、アメリカで行われるゴルフの祭典「マスターズ・ゴルフ・トーナメント」の観戦に行ったことです。

TBS時代にマスターズの中継を担当していましたが、現地に行ったことはありませんでしたし、行ってみたいとも思っていませんでした。ところが、好きで通い詰めていた焼肉屋のオーナーが大のゴルフ・ファンで、長年マスターズの観戦に行っておられ、「今度、一緒にマスターズ観に行かない？」とお声がけいただいたのです。

当時は、ゴルフ経験もありませんでしたし、興味もそこまでなかったので、「どうしようかな……」と思いましたが、TBSにいた頃から、マスターズが行われるオーガスタ・ナショナル・ゴルフクラブに入ること自体がすごいことで、マスターズの観戦チケットも、お金を出せば買えるようなものではないことを知っていました。だから、せっかくのチャンスだから、思い切って行ってみることにしたのです。

そして、実際にマスターズの現場で観戦をしているときに、こんなゴルファーにとって夢みたいな場所にいて、世界最高峰のプレーを目の前で見ているのに、自分自身がゴルフをしていないのは、ゴルフとゴルファーに対して失礼だと思い、「ゴルフを始めよう。そして、自分が主催するゴルフコンペを始めよう」と決めたのです。

そのことが思わぬ「価値」を生み出しました。

実際にゴルフを始めて、さまざまな方とお目にかかったときに、「実は、ゴルフを始めたのは、マスターズ観戦に行ってからなんですよね」と言うと、どなたも、「え？　マスターズに行ってから始めたの？」「なんで行けるの？」「どうやってチケット取ったの？」とみなさん一様に驚かれるのです。要するに、「こいつ何者？」と強い興味をもっていただける。ある種の「ステータス」として機能してくれたのです。

そのうえで、その方が魅力を感じるような人物と一緒にゴルフをする機会をセッティングすれば、かなりの確率で「ぜひ、行きたい」という話になります。

例えば、年商1兆円を超える「超大物経営者」とお話するチャンスがあったのですが、その方は野球とゴルフが大好きでしたから、「マスターズ」の話をして興味をもっていただいたうえで、僕が親しくさせていただいている野球選手の名前を出して、「一緒にゴルフに行きませんか？」とお誘いしました（**「ゴルフ」と「野球」の掛け算で価値を最大化**したわけです）。

すると、普通ならば、相手にもしていただけないほどの「大物」であるにもかかわらず、ほとんどふたつ返事で「ＯＫ」をいただくことができました。しかも、日程調整などのためにＬＩＮＥ交換までもしてくださった。それ以降、秘書を通さず、直接ＬＩＮＥでやりとりする関係になることができたのです。

「人生のタイムライン」に乗る

そして、ゴルフ場で一ラウンド終わったら、どんな方からも、単なる〝保険屋〟とは見られなくなります。

僕は、**誰とご一緒しても「接待ゴルフ」という感覚はゼロ**です。紳士のスポーツであるゴルフの精神に則って、ゴルファー同士対等の関係で、とにかく楽しくフェアプレイを楽しむようにしています。

僕は常にクラブを思いっきり振って、ナイスショットでもOBでも、絶対に前向きなことしか言いません。そして、大好きなゴルフを徹底的に楽しみながら、みなさんとの会話も楽しむのです。

もちろん、その会話のなかで、「保険」の話など一切しません。だけど、僕がTBSを辞めた理由や、プルデンシャル生命保険で「日本一」になったこと、TOTにも認定されていることなどをお話しすると、ひとりのビジネスマンとして一目置いてくださるようになります。

しかも、僕は、ゴルフ場では絶対にカートに乗らず、すべて自分の足で歩きますし、ゴルフウェアもゴルフクラブもピンクです。そんな僕の姿も印象に残るようで、単なる「営業マン」としてではなく、「金沢景敏」という人間として認識してもらえるようになる。そして、**「こいつは、なかなか面白いやつだな」「こいつと付き合っておけば、面白そうだ」**と思ってもらえるのです。

これを、僕は「人生のタイムラインに乗る」と表現しています。

SNSをやっている人はわかっていただけると思いますが、「友達」として承認してもらえると、その人のタイムラインに僕の投稿が流れてくるようになります。それと同じで、「こいつは面白い」「こいつと付き合っておこう」と思ってもらえると、何かあったときに思い出してもらえる存在になれるのです。

そして、その人の「人生のタイムライン」に乗ることができれば、その人に保険ニーズが生じたときには、僕に連絡をしてくれます。

「保険に入ってほしい」と営業をしても、数いる「営業マン」のなかの「ワン・オブ・ゼム」にしかなれませんが、その人の「人生のタイムライン」に乗ることができれば、**あとは待っているだけで「保険に入りたいんだけど、金沢さん、頼むよ」という連絡をいただけるようになる**のです。

そのために重要なのは、自分にしか提供できない「価値」を作り出すことです。

僕の場合には、それが「お肉」であり「ゴルフ」でした。「お肉」と「ゴルフ」が好きで好きでたまらないから、僕なりにそれらを極めるなかで、僕にしか提供できない「価値」を提供できるようになったのです。

もちろん、これは僕の場合です。大切なのは、あなたが好きなものをとことん追求していくことです。**好きなものだからこそ、他の人には簡単にマネのできない領域にまで高めていくことができる**はずです。

そして、それを他の人と「共有」していこうとしたときに、アッパー層の方々とのコネクションをつくるきっかけが生まれるのです。その意味で、好きなものを追求することで、人生を楽しもうとすることこそが、営業マンとしての「価値」を高めてくれるのだと思うのです。

35 「テイカー」とは付き合わない

「ご縁」を出す相手を間違えてはいけない

僕は、「ご縁は出せば出すほど広がる」と考えています。

これまで膨大な数の方々と出会って、契約をお預かりしたり、どなたかをご紹介いただいたり、助けていただいたり、よい影響を与えていただいたり、言葉では言い尽くせないほどの恩恵を受けてきました。「この人のおかげで、この人に出会えた」という感謝の気持ちは、年々、深くなっていくばかりです。

だからこそ、営業活動の一環としてというだけではなく、もっと**純粋に「恩返し」をするようなつもりで、目の前の人のために「ご縁」をおつなぎしようとしてきました。**それが、結果として、僕の人的ネットワークを劇的に広げてくれましたし、営業マンとしての業績へとつながっていったわけです。

ただし、強く注意を払っていることがあります。

「ご縁」を出す相手を間違えてはいけない、ということです。

これは、痛恨の失敗から学んだことです。数年前に、どなたかからの紹介で、僕が主催する会食に参加した若い男性がいました。彼の第一印象はものすごくよかった。見た目もいいし、清潔感のある服装で、人柄も非常に爽やかに思えたのです。しかも、元甲子園球児。僕の大好きなスポーツマンだったこともあって、いろいろな人を彼に紹介してあげたのです。

ところが、のちに、これが大問題を引き起こしました。

なんと、彼が投資詐欺を働いていたことがわかったのです。それを教えてくれたのは、僕が彼に紹介した歯科医さんでした。その歯科医さんは、彼が勧める事業に投資をしたのですが、いつまでたってもその事業がうまくいかない。そして、彼と連絡すらも取れなくなったといいます。要するに、お金だけ集めて〝ドロン〟していたわけです。

その歯科医さんに彼を紹介したのは僕ですから、責任があります。だから、歯科医師さんに深くお詫びするとともに、彼を紹介した方々全員に事情を報告したうえで、注意を呼びかけました。

そして、彼の居場所を突き止めるべく全力を上げましたが、僕の力ではどうにもなりませんでした。無念でした。それに、彼に裏切られたのは、とても悲しいことでした。歯科医さんをはじめ被害者のみなさんは、僕なりの誠意を認めてくださって、それまでと変わらずお付き合いを続けていただくことができましたが、あのとき、ご迷惑をおかけしたことについて、今でも心苦しく思っています。

「運気の悪いヤツとは付き合うな」

このときに、思い出したことがあります。

TBSにいたころにお世話になった、あるタレントさんに言われた言葉です。

その方は、いつも明るく、とても心の温かい方で、だからこそ、競争の激しいテレビの世界で長く活躍されているのだと、僕はとても尊敬をしていました。その方が、僕にこうおっしゃったのです。

「運気の悪いヤツとは付き合うな」

「運気の悪いヤツ」とは、どういう人なのか？

ツイていない人？　うまくいっていない人？

そんなことを尋ねると、その方は「そういうことじゃない」とおっしゃいます。そして、その方のかつてのマネジャーの話を教えてくれました。

その方は、何か必要なものがあると、マネジャーに財布を渡して、買ってきてもらっていましたが、あるとき、財布のお金の減り方がおかしいと気づいたそうです。そんなに使った覚えがないのに、お金が減っている。不思議だなと思ったので、一計を案じました。財布に入っているすべてのお札に、赤ペンで印をつけていったのです。

そして、数日後、マネジャーにこう言ったそうです。

「悪いけど、手持ちがないから、お金を貸してくれないか？」

そして、「わかりました」と言って、マネジャーが渡したお札をチェックすると、そこには赤ペンでつけた印があったというのです。非常に残念に思ったそうですが、その方は、厳しい判断をしました。

「君はクビだ。今すぐ、ここから出て行ってくれ。このお札についている赤い印は、僕がつけたものだ。意味、わかるよね?」

「テイカー」がすべてを壊す

「こういうヤツが、〝運気が悪いヤツ〟なんだ」

その方は、そうおっしゃいます。そして、**「そういうヤツと付き合ったら、自分の運気も悪くなる。そういうヤツのお金を自分の財布に入れたら、自分のお金が燃えるぞ」**ともおっしゃいました。

僕なりに解釈すると、要するに、〝運気が悪いヤツ〟とは、決して失敗をした人というわけではなく、人を騙したり、後ろ指をさされるような「悪いこと」をしている人です。「自分の利益のためだけに、人から奪おうとする人」、すなわち「テイカー

(taker)」のことだと思うのです。

そして、たしかに、「テイカー」と付き合えば、自分の運気も悪くなるのは当然のことだと思います。なぜなら、「自分の利益のためだけに、人から奪おうとする人」と付き合えば、僕は奪われる一方だからです。しかも、僕のまわりにいる人たちからも、「奪おう」とするでしょうから、**僕と付き合ってくれている素晴らしい人たちも、そこからどんどん逃げていってしまう**に違いありません。

これは、恐ろしいことです。

僕は、「僕という人間」を信頼してくださる方々の「母数」を増やし、そうした方々をおつなぎすることで「ご縁」を広げてきました。これは、いわば信頼によって結びついた「コミュニティ」を作り上げるようなものです。

しかし、そこに「テイカー」が紛れ込むと、僕に対する不信感をもつ方が増えていき、最終的には「コミュニティ」そのものが崩壊していってしまうでしょう。そのとき、営業マンとしての仕事も崩壊するとともに、僕自身の人生も大きく傷つくことになってしまう。それは、本当に恐ろしいことだと思います。

「ギバー」が集まると、自然と「素敵なご縁」が広がっていく

僕は、世の中には2種類の人間がいると思っています。

「テイカー」と「ギバー（giver）」です。「テイカー」とは、すでに述べたように、「自分の利益のためだけに、人から奪おうとする人」です。一方、「ギバー」とは、「人に利益を与えると、自分にも与えられる」ことを知っている人です。

人間は「利益」を確保しなければ、生きていくことはできませんから、「自分の利益」を得ようとするのは全く間違ったことではありません。むしろ、自分のために頑張れない人はダメです。**自分のために頑張れない人が、周りのためにも頑張る「ギバー」になることはできません。**まずは自分を大切にしなければならないのです。

ただし、だからと言って、「テイカー」のように、「人から奪う」ことで利益を得ようとする人は、一時的に成功することはあっても、長期的にそれを持続することはで

きないでしょう。それよりも、長期的にうまくいくのは、「ギバー」のように、「人に与える」ことで自分にも利益がもたらされることを知っている人です。

もちろん、中には**「ギバー」でも成功しない人がいますが、それは「テイカー」と付き合って、一方的に吸い取られるばかりだから**です。

「テイカー」と付き合うのをやめて、「ギバー」とだけ付き合うようにすれば、人生は一変するはずです。誰かのために頑張っている人に「ギブ」できれば、その人は何かを返してくれるからです。たとえ、自分に返ってこなかったとしても、そういう人は、必ず、誰か別の人に何かを与えているでしょう。こうして、「ギバー」が集まるコミュニティはどんどん成長して、豊かになっていくのです。

だから、僕は「ギバー」としか付き合わないし、「ギバー」としか時間を共有しません。そして、**自分のコミュニティに「テイカー」を紛れ込ませないために、細心の注意を払っています。**自分が主催する会食やゴルフコンペに呼んだり、どなたかをご紹介する前に、必ず、一対一でお会いして、じっくりとお話を伺うようにしています。そして、その人が「テイカー」か否かを慎重に見極めるのです。

もちろん、これは僕の主観によるもので、100％のスクリーニングをするのは非常に難しいことだとは思います。だけど、その人の「生い立ち」からすべてのお話を伺っていると、「何かおかしい」と気づくことがあります。

例えば、先ほどの元甲子園球児も、その後、よくよく思い返してみると、言っていることの辻褄が合わないことがたくさんあったのです。よほど頭のよい人でなければ、「嘘」の辻褄を完璧に合わせるのは難しい。どこかで破綻していたり、疑念が残るものなのです。

これは「動物的な勘」による判断にもなりますから、僕の判断が100％正しいかどうかはわかりません。だけど、僕と「ご縁」をつないでくださっている「ギバー」の方々を守るためには、僕の判断と、僕の責任において、「テイカー」と思われる人物からは距離を置き、僕のコミュニティには入れないようにしています。

ちなみに、お客様に対しても、同じ方針を取っています。

調子よくお金を稼いでいるようで、高額の契約をお預かりできるかもしれないけれども、具体的にどのような仕事をして、お金を稼いでいるのかがわからない人はお断りするようにしているのです。そのようなお金を財布に入れたら、僕のお金が燃え出すからです。

そんなお金で営業成績を立てるよりも、**少額のご契約であっても、毎日コツコツと働いていらっしゃる「ギバー」のお金をお預かりするほうが、絶対に「運気」がよくなります。**大事なのは金額の大小ではなく、その人物の生き方なのだと思うのです。

そして、僕が「ギバー」だけが集まるコミュニティをつくることができれば、それが、僕に大きな「影響力」を与えてくれるはずです。

なぜなら、「金沢さんが主催する会なら安心だ。大切な友人を連れて行こう」「知人を金沢さんに紹介したら、そこから素敵なご縁を広げてくれそうだ」と思ってもらえることによって、どんどんとコミュニティが成長していくからです。そのためにも、僕自身が「ギバー」としての生き方をより一層磨いていく必要があると思っています。

36 「自分の人生」を生きる

「プライベート」の予定が増えるほど、営業成績がアップする理由

僕がスケジュール帳を「色」で管理している話を覚えているでしょうか？

新規のお客様のアポイントを記入したら、そこに黄色の蛍光ペンで塗り、二度目のお客様は緑色、三度目のお客様は橙色、そして、プライベートの予定はピンク色という具合に「色」を塗り分けるという話です。

当初、僕は、新規のお客様へのアプローチする「母数」を最大化するために、全体の半分以上が「黄色」で塗られる状態を維持するようにしていました。

しかし、経営者などのアッパー層へのアプローチをするようになってから、徐々に、プライベートの予定である「ピンク色」が増えていきました。最終的には、「ピンク色」で、手帳がほぼ埋められている状態になっていました。

なぜか？

彼らと会うときに、いわゆる「営業」はしないからです。

お目にかかっても、**ほとんど「保険」の〝ほの字〟も出さない。全然関係のない話をしたり、会食やゴルフを楽しむだけ。**僕の意識としても、仕事というよりはプライベートの感覚ですし、だからこそ、相手の方々も僕と会うことに意義を見出してくださっているのです。

例えば、先日も、親しくさせていただいてる方から、高級外車の試乗会にご招待いただいたのですが、別に「営業」のために行くわけではないですから、スケジュール帳に書き込んだ予定には、プライベートの「ピンク色」を塗りました。

実際、子どもを連れて行ったら喜ぶだろうと思って、家族連れで試乗会にお邪魔しました。プライベートですから、スーツではなくピンク色の私服です。そして、子どもたちもカッコよい高級外車を一緒に試乗して楽しんでいました。

ところが、そんな僕に、試乗会の主催者の方は、試乗会を訪れていたお客様を次々とご紹介してくださいます。

高級外車を試乗しに来るお客様ですから、みなさんアッパー層の方ばかり。プライベートで遊びに行っただけなのに、そうした方々とたくさんの「ご縁」をいただくことができたのです。

普通の「営業マン」とは違う「入り口」から入れてもらう

営業マンの仕事として、こうした方々にお目にかかろうとしたら、たいへんなことです。まず、会っていただけないし、会っていただけたとしても、「保険はもう入っているから……」と言われて終わるケースがほとんどでしょう。

ところが、高級外車の試乗会の主催者から、「招待者」として紹介していただければ、**まったく違う「入り口」からアッパー層の方とのコネクションがつくれる**わけです。質の高い人的ネットワークを築くことができれば、プライベートで動き回ることで、どんどん「ご縁」を広げていくことができるようになるのです。

だから、僕は**「営業マン」としての仕事はどんどん減らし、「ピンク色」で塗られるプライベートの用事を優先的に入れていくようになりました。**

そして、僕のことを信頼してくださるアッパー層のみなさまの「母数」を大きく育てることによって、僕から営業しなくても、自然と、「金沢さん、保険に入りたいんだが、相談に乗ってくれませんか？」「知人が保険を検討しているんで、話を聞いてやってくれませんか？」といった連絡が次々と入ってくる状況が生まれたのです。

それを見た周囲の人たちは、「金沢さんは、いつも遊んでいるように見えるのに、なぜ、そんなに売れるのか？」と不思議がるのですが、そこには、何一つ「不思議」はありません。僕が**長年をかけて大切に育ててきた「ご縁」の集積から、「保険契約」**

という形のご褒美が落ちてきているのです。

営業とは「僕という人間」を買ってもらうこと

ここまで書いてきたことが、僕がプルデンシャル生命保険の営業マンとしてやってきたことのすべてです。

要するに、僕は「生命保険」を売ろうとするのではなく、「僕という人間」を信頼していただける方々の「母数」を増やすために、ひたすら知恵を絞り、汗をかいてきたのです。

言ってみれば、**営業の本質とは、「商品」を売ることではなく、「僕という人間」を買っていただくこと**なのです。「僕という人間」を買っていただけるということは、「あなたから買いたい」と言っていただけることです。だから、僕は保険に限らず、不動産でも、車でも、何でも売ることができるという自信があります。

では、「僕という人間」を買っていただくためには、何が一番大切なのでしょうか？

僕は、「自分の人生」を生きるということに尽きるのではないかと考えています。なぜなら、これまで「僕という人間」を面白がってくださり、可愛がってくださり、信頼してくださった方々は、「僕の人生」に興味をもち、応援してくださっていると思うからです。

何度も述べてきたように、僕が、TBSを退職したのは、テレビ局の〝看板〟のおかげでチヤホヤされているだけなのに、あたかも自分が偉くなったように錯覚しているのが、ものすごくカッコ悪く思えたからです。そこには、京大アメフト部時代に「本気」を出していなかったことへの、深い後悔もありました。

そして、フルコミッションのプルデンシャル生命保険で、数々の失敗・挫折をしながらも、〝寝袋生活〟をしながら「日本一」になることができました。僕なりに必死になって生きている姿に、多くの方々が共感を寄せて、応援してくださったと思うのです。

「自分の人生」を生きようとするから、応援してくれる人が現れる

それだけではありません。

実は、保険の営業マンになろうと思ったのには、もう一つの理由がありました。

僕の半生は、スポーツとともにありました。幼い頃からスポーツ選手に憧れ、テレビでスポーツ中継を観戦した翌日は、学校で友達と一緒に大好きなスポーツ選手のマネをして遊ぶ、よくいる少年でした。そんな「スポーツ好き」が高じて、中学・高校は野球に、大学ではアメフトに熱中しました。

その後、ＴＢＳに入社し、スポーツ番組にかかわるようになって、スポーツの現場でアスリートと触れ合うなかで感じたことがあります。それは、現役を引退したスポーツ選手のなかで、現役のとき以上に「よい顔」をしている選手が少ないということでした。

アスリートは、子どもの頃から、スポーツにすべてを捧げて、圧倒的な努力をしてきた人たちです。だけど、それはひっくり返すと、「スポーツ以外のことは知らない」ということでもあります。だからこそ、現役を引退すると、社会に上手に適応できずに苦労することが多いのです。

しかも、若いうちに多額の契約金や年俸を手にすることで、金銭感覚が狂ってしまうこともあります。長年第一線で活躍できれば、それでもいいのですが、そんな選手はほんの一握りです。金銭感覚が狂ったまま、若くして引退を余儀なくされて、社会にうまく適応できなかったとしたら、その後の人生は苦難に満ちたものになりかねないのです。

僕は、TBS時代から、この問題をなんとかしたいと思っていました。

自分が憧れてきたアスリートたちには、引退後もカッコよくあってほしい。人生トータルで輝いてほしい。だから、僕はこう考えました。**そこに「課題」があって、「ソリューション」がないのであれば、僕自身が「課題」を解決する「ソリューション」を作り出せばいい**、と。

そして、まずは、アスリートのお金をしっかり守るために、生命保険の営業マンを志したのです。だから、僕は、プルデンシャル生命保険に入ってから、営業マンとしての仕事をするだけではなく、知り合いの弁護士や税理士、会計士などとも連携しながら、アスリートのお金に関する相談に乗っていました。

ただ、やはりお金を守るだけでは足りず、引退したアスリートがスポーツ以外でも活躍するために、実際に働きながら社会のことを学ぶ機会や場所を提供する必要性を痛感させられていました。しかし、それを事業化するにはどうすればいいのかわからず、仕事を通して知り合った経営者の方々などに相談させていただいていました。

僕が相談をした経営者の方々は、みなさん、ご自身のビジョンを描きながら、それを実現するために一生懸命に頑張っている方ばかりですから、僕の相談には、心から共感してくださり、一緒に知恵を絞ってくださり、たくさんのお力添えをいただくことができました。

そして、引退したアスリートが人生トータルで活躍することを、ライフワークとして取り組んでいる「僕という人間」を応援してくださるようになったのです。それは、本当にありがたいことでした。

だから、僕はこう思うのです。

「商品」を売るのが、営業マンの仕事ではないのだ、と。

「自分の人生」を一生懸命に生きようとするから、「僕という人間」を応援してくれる人が現れるのです。そして、「僕という人間」を応援してくださる方は、その「商品」が必要になったときには、「あなたから買いたい」と言ってくださる。そのとき、はじめて営業マンとしての「仕事」をしたことになるのです。

おわりに

営業は本当に素晴らしい仕事だ――。

この本を書き終えたいま、改めて、そう感じています。

営業マンになることで、僕は、自分の「思考」「生き方」「あり方」を変えることができました。営業に出会えたおかげで、新たな自分と出会うことができました。

TBSの名刺を出せばチヤホヤされていたのが、営業マンになった途端に多くの人が離れていきました。会ってくれないどころか連絡すら取れない。そういう状況になってはじめて人が会ってくださることを心から嬉しく思えたし、人をご紹介していただくことに心から感謝することができました。この人がいたから、この人に会えたのだと。営業で結果を出し始めたころ、妻に「よく〝ありがとう〟と言うようになったね」と言われて、とても嬉しかったことをよく覚えています。

僕は、営業という仕事によって、育てていただいたと思っています。

その感謝の気持ちを込めて、営業をするなかで学んできたことのすべてを書いたのが本書です。みなさんと共有したかったのはシンプルなことです。エネルギーは出せば出すだけ増える。人のご縁も出せば出すだけ増える。能力は使わないと増えない。だから、出し惜しみなくやっていこう。突き詰めれば、これだけです。

人間は、誰でも「能力」が与えられています。僕には、僕の「能力」が与えられている。だから、その「能力」を最大限に活かして、自分のために頑張るんです。そして、自分が満たされてはじめて、周りのためにも頑張れるようになる。自分だけが幸せになればいいと思っている限り、本当の意味で幸せを感じることはできない。これが骨身に染みたときに、「営業」がうまくいき始めたように思います。

そして、僕は、2020年10月末で、プルデンシャル生命保険を退職し、AthReebo（アスリーボ）株式会社を起業しました。

社名には「アスリート（athlete)」が、人生を通して活躍するために「再生する

(reborn)場所」という想いを込めました。アスリートは、現役がピークでは決してありません。世の中の人々も、アスリート自身も、引退後の人生を「セカンドキャリア」と考えていますが、そんな固定概念を覆して、引退後に「キャリアアップ」するという考え方を広げるために活動しています。

アスリートは「スポーツしかできない」のではなく、「スポーツしかしてこなかった」のです。ただ大きな課題もいっぱいあります。「やりたくないことはしてこなかった」人たちでもあるし、「スポーツ以外に目標を立てたこともない」という人が多いのも事実です。

そこで、彼らが働きながら、社会のこと、商売のこと、経営のことなどを学んでもらう場所をつくるために、「大阪タレ焼肉まる29」という焼肉屋の経営を始めました。

商売の原理原則である「目の前のお客様に喜んでもらい、ファンになってもらうこと」を一番近い距離で体感できるのは飲食店だと思ったのです。そして、お客様に「ありがとう」と伝えて、お客様から「ありがとう」とお金をいただける。まさに社会の縮図が、飲食のビジネスにつまっています。すでに元プロアスリートも一生懸命、働いています。ぜひ、応援してください。

元アスリートで編成する「最強の営業部隊」もつくりました。僕が営業という仕事を通じて得た実体験や培った思考法を伝えて、「自分の力」で生きていけるだけのスキルや思考法を身につけてもらいたいと思っています。

また、トップ・アスリートがもっている、かけがえのない「価値」を創出して、社会とつなぐことによって、彼らに収益ももたらすことができるような、新たなプラットフォームもつくっています。そこで得た収益の一部を活用して、すべての子どもたちがスポーツをする機会を届ける社会貢献にも取り組んでいきたいと考えています。

「アスリートのために、営業マンとして成功したポジションを手放すんですか？」

そう言われることもありますが、決してアスリートのためにやるわけではありません。自分がやりたいからやるんです。僕が憧れてきたアスリートには、引退後もカッコよくあってほしい。そんな僕の願いを実現するためにやる。それだけです。

それに、手放すからこそチャンスは訪れます。早稲田を中退した時も、TBSを退職した時も、手放すことで新たな道が開けました。握っている限り新しいものは掴めない。手放すものが大きければ大きいほど得るものも大きいのです。

そして僕は、「結果」が何よりの「恩返し」だと思っています。

これまで僕を育ててきてくれた、両親、京大アメフト部、TBS、プルデンシャル生命保険、お世話になった全ての方々へ、「結果」で「恩返し」したいと思っています。これからも、いろいろな苦難が待ち受けていると思いますが、営業で培った「思考法」で、これからの人生も切り拓いていきたいと思っています。

末筆になりますが、本書の編集をしてくれたダイヤモンド社の田中泰さんと、元プロ野球選手の高森勇旗さんには、大変お世話になりました。昔、高森さんに出版をするときにはサポートをお願いしようと話をしていたことが現実になって嬉しいです。AthReeboの仲間のみんなも、いつも支えてもらって感謝です。特に、僕が日本一になると心が決まった一言を言ってくれた、草山貴洋さん。プルデンシャル同期入社でもありながら、AthReeboの立ち上げにもついてきてくれてありがとう。白石竜登くんには原稿チェックも手伝ってもらいました。ありがとう。また、僕がプルデンシャル生命保険を手放すキッカケを与えてくれたゆきさんにも感謝しています。

そして、京大アメフト部、TBS、プルデンシャル生命保険でお世話になったみなさんをはじめ、今まで出会ってくださったすべての方々にも心より感謝申し上げます。
最後に、愛情いっぱい、自由に育ててくれた両親。ふたりのおかげで今の自分があります。オヤジとオカンが誇らしいです。ありがとう。妻の明子に長女の帆杏、長男の榮己、次男の榮将も、いつもありがとう。明るく賑やかな家族がいるから、僕は全力で生きていけます。すべては明子の器の大きさのおかげです。結果で恩返しします。

起業した今、まさに営業を始めたときと同じように「明るく根にもつ」ことだらけです。僕もまだまだこれから。人生のウォーミングアップが終わったところです。だからこそ、お会いした方々との「ご縁」を大切な「人生の資産」としながら、世の中に新たな「価値」を作っていけるように全力を尽くしていきたいと思っています。
最後までお読みくださった読者のみなさま、本当にありがとうございました。自分の人生、自分が主人公です。お互い、精一杯、生きていきましょう。これからもよろしくお願いいたします。

2021年2月

金沢景敏

金沢景敏（かなざわ・あきとし）

元プルデンシャル生命保険ライフプランナー
AthReebo（アスリーボ）株式会社 代表取締役

入社1年目にして、プルデンシャル生命保険の国内営業社員約3200人中の1位（個人保険部門）になったのみならず、日本の生命保険募集人登録者、約120万人の中で毎年60人前後しか認定されない「Top of the Table（TOT）」に3年目で到達。最終的には、TOT基準の4倍の成績をあげ、個人の営業マンとして伝説的な実績を残した。

1979年大阪府出身。東大寺学園高校では野球部に所属し、卒業後は浪人生活を経て、早稲田大学理工学部に入学。実家が営んでいた事業の倒産を機に、学費の負担を減らすため早稲田大学を中退し、京都大学への再受験を決意。2ヶ月の猛烈な受験勉強を経て京都大学工学部に再入学。京都大学ではアメリカンフットボール部で活躍した。

大学卒業後、2005年にTBS入社。スポーツ番組のディレクターや編成などを担当したが、テレビ局の看板で「自分がエラくなった」と勘違いしている自分自身に疑問を感じて、2012年に退職。完全歩合制の世界で自分を試すべく、プルデンシャル生命保険に転職した。

当初は、アポを入れようとしても拒否されたり、軽んじられるなどの"洗礼"を受けたほか、知人に無理やり売りつけようとして、人間関係を傷つけてしまうなどの苦渋も味わう。思うように成績を上げられず苦戦を強いられるなか、一冊の本との出会いから、「売ろうとするから、売れない」ことに気づき、営業スタイルを一変させる。

そして、1年目にして個人保険部門で日本一。また3年目には、卓越した生命保険・金融プロフェッショナル組織MDRT（Million Dollar Round Table）の6倍基準である「Top of the Table（TOT）」に到達。最終的には、自ら営業をすることなく「あなたから買いたい」と言われる営業スタイルを確立し、TOT基準の4倍の成績をあげ、個人の営業マンとして伝説的な数字を作った。

2020年10月、プルデンシャル生命保険を退職。人生トータルでアスリートの生涯価値を最大化し、新たな価値と収益を創出するAthReebo（アスリーボ）株式会社を起業した。

「あなたから買いたい」と言われる

超★営業思考

2021年2月16日　第1刷発行
2024年7月26日　第8刷発行

［著　者］ 金沢景敏
［発行所］ ダイヤモンド社
〒150-8409 東京都渋谷区神宮前6-12-17
https://www.diamond.co.jp/
電話／03-5778-7233（編集） 03-5778-7240（販売）
［装　丁］ 奥定泰之
［編集協力］ 高森勇旗
［製作・進行］ ダイヤモンド・グラフィック社
［印　刷］ ベクトル印刷
［製　本］ ブックアート
［編集担当］ 田中 泰

ISBN 978-4-478-11122-2